南方ブックレット9

新・子どもの願いを真ん中に

―鹿児島からの発信―

鹿児島子ども研究センター　ブックレット編集委員会

JN241694

南方新社

はじめに

鹿児島子ども研究センターは、一九七九年の「国際児童年」に誕生しました。今年は創立四〇周年にあたります。これを記念してブックレット『新・子どもの願いを真ん中に―鹿児島からの発信―』を発行することにいたしました。八章で構成された各章の内容は、数篇を除いて大部分は「鹿児島医療生協だより」に、二〇〇三年一月から連載を続けてきた「今こそゆたかな『かかわりあい』を」の中から、最近のものをピックアップしたものです。本連載は好評で、毎回、読者からの感想が寄せられています。これをさらに多くの人々と共有したいと思い、一冊にまとめました。ここに活写された子ども、子育て、保育・教育、地域・社会の様々な姿から、子ども、子育て、教育をめぐって、いまとこれからについてのさらなる対話が生み出されることを願うものです。

ところで、二〇一九年は、「子どもの権利条約」が一九八九年国連で採択されて三〇周年、日本が批准して二五周年の節目の年です。日本社会に「子どもの権利条約」はどれほど根づいてきているでしょうか？　競争の激化、格差・貧困の拡大、自己責任論・家族責任圧力の強化、孤立・分断などにより、子どもたち、子育て中の親たちは、かつてないほどの生きづらさを抱えています。「子どもの権利条約」とは対極の〝いのち〟と〝人権〟軽視の状況が続いていると言わざるをえません。日本の学校では権利を学ぶことがほとんどなく、「日本の子どもは『子どもの権利』を知らない子ども」だとの指摘もあります。今こそ改めて「子どもの権利条約」の精神に照らして、すべての子どもが一人の人間として、その主体性が尊重され、豊かな育ちを保障する家庭・学校・地域社会などをどう創っていくのかが問われているように思います。このブックレットが「子どもの権利」を実質化する取り組みのためのヒントになれば幸いです。

（黒川久美）

新・子どもの願いを真ん中に――目次

第一章　自然とのつながり

1　一本の竹の子から

見て、触《ふ》れて、嗅《か》いで

長年、身近な自然の素材を教室へ持ち込んで子どもたちにじかに触れさせる「自然のたより」と〝科学おもちゃ〟等の「ものづくり」で、子どもたちと楽しみながら授業をつくってきました。一・二年生での四月の取り組みを紹介しましょう。

新学期の四月当初、家庭に孟宗竹《もうそうちく》の竹の子の提供を呼びかけます。孟宗竹は鹿児島から全国へ広がっただけに、保護者の協力のもと、たくさん入手できます。少し大き目のものをお願いして集めます。この竹の子を使った、「生活科」や「総合学習」での授業です。

教室は、子どもたちが抱えてきたり、保護者に運んできてもらったりした竹の子でいっぱい。子どもたちがやっと抱えられるくらいの大きなものもあります。子どもたちは、何をするんだろうと興味津々《しんしん》。竹の子を見たり食べたりしたことはありますが、皮を剥《は》いだり切ったりした経験は意外と少なく、中には、皮のままの竹の子を見るのも、まして触《さわ》るのは初めてという子もいます。

まずは、生活科での授業です。最初に観察の視点や理科的なスケッチの仕方を指導します。その後はグループで竹の子を観察していきます。触ったり、においを嗅いだり……「くさーい！」「毛がいっぱい生えている！」「葉の先がちくちくする！」「紫色のところもある！」「この下のぶつぶつは何？」……ワイワイ、ガヤガヤと竹の子の観察に取り組みます。

子どもたちが描いた竹の子の絵

この結果を、子どもたちは、Ａ４版の観察記録用紙『自然のたより』にスケッチと文で表現するのです。それを学級通信に毎日掲載し、家庭へも知らせていきました。

また図工科では、画用紙を数枚つなげ、クレヨンを使って大きな大きな竹の子の絵も描きました。

竹の子の皮は何枚?

まだあまり伸びてはいないが、大きくしっかりした竹の子を選びました。

「この竹の子の皮は、何枚でしょう」と問い、予想を立てさせます。「五枚」「六枚」「八枚」……「一〇枚!」……一〇枚を超える子はいません。

「正解は!」と言いながら、ていねいに皮を節《ふし》にそって一枚一枚むいていきます。一枚むくたびに、自分の予想が合っているか、わくわくひやひやしながら、じっと見つめる子どもたち。最大予想の一〇枚を超えても、竹の子の皮は、まだまだあります。再び予想させます。

「一五枚」「一八枚」「二五枚!」。また、ていねいに皮を一枚ずつ数えながらむいていきます。最大予想の「二五枚」を超えても、竹の子の皮は、

竹の子の皮は何枚?

まだまだあります。

再々度、予想のとり直し。「四二枚!」と、四〇枚を超える予想が出たりしますが、周りからは「そんなにないよー」の声。

さらに皮をむいていくと四〇枚に近づいてきます。予想を立てた子は、「お願い、お願い。もうここまでにして!」と、大声で皮がおしまいになることを願うのですが、結局四〇枚を超えてしまいます。皮はだんだん小さく、薄く、白く、柔らかくなってはきますが、まだまだそこにある……。

また、予想を立て直します。そしてそっと手の震えを押さえながらむいていきます。子どもたちは、「ええっ! まだ?」とびっくりしながら、何枚目か数えていきます。皮はさらに小さく小さく薄くなっていきました。

最後の最後は何と六五枚目、透き通る薄紙のようで、長さはわずか五ミリ。それをじっと見つめる子どもたちは、自然の不思議に圧倒されているようでした。

節《ふし》の数

次の問題を出してみました。「竹の子の節は何個あるでしょう?」

子どもたちからは、「分からない!」の声。「皮をむいた時のことを思い出してごらん」と言うと、皮をむくのをよく観察していた子の中から、「竹の子の皮の数と同じ。だって、皮は節についていたもん」と出てきました。しかし予想をとると二〇～三〇個の子が多い。やはり、そう簡単には「竹の子の皮と同じ数」と、納得しません。そこで、もう一度実際に皮をむきながら、皮が節にくっついていることを確かめていきました。ようやく納得したところで、先に出た子の意見をもとに、〈科学的に物事を見ること〉を二年生にも分かるように話しました。「一度勉強したことをもとに考えると、分からないことでも正しい答えを予想することができるんだよ」と。

　あらためて子どもたちに尋ねます。「竹の子の節は何個あるでしょうか」。子どもたちは、元気よく「竹の子の皮と同じ数！」と答えてくれました。

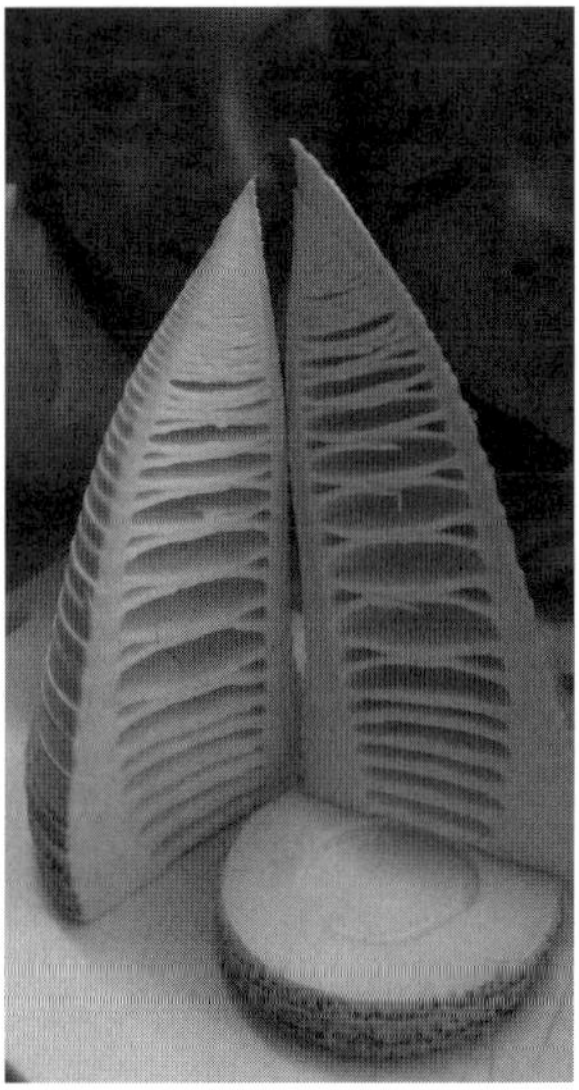

　次の問題を出します。「皮をむいた竹の子を真っ二つに縦に切ると、中はどうなっているでしょうか？」。中も節がそのままつながっていると予想する子、中は空洞と予想する子、「食べたとき見た」と自分の経験から予想する子もいます。実際に切ってみると、節が小さな先っぽまで美しく並んでいます。そして、皮のつい

たままの竹の子を、縦に真っ二つに切って見せました。竹の子の皮と節がきれいにくっついた状態です。節と皮の幾何学模様と、皮の色と真っ白な身のコントラストに、子どもたちからは思わず歓声が……。「うわあ、きれい！」。私自身も、自然の匠《たくみ》の技に、子どもたちと一緒に感動していました。

（小倉誠）

2　子どもたちに農業体験を

実りの秋

実りの秋。田舎暮らし二三年目を迎えたわたしでも、日に日に色づく稲穂の美しさには毎年感動します。わたしは、近くの小学校五年生と一緒に米づくりを続けて、今年で八年目になりました。多い年で一五〇人、少ない年で八〇人の子どもたちと、二〇羽のアイガモと力を合わせて一反の田んぼをつくります。子どもたちの七割ぐらいにとっては初めての田植えと稲刈りの体験です。今年は、大学生数人を招いて田植えをしましたが、全員、田植えは初めての体験と言います。ふと思いました。毎日当たり前のように食べる「主食」たるお米なのに、田植えも稲刈りもやったことのない人たちが、全人口の何パーセントを占めるのだろうかと……。

　さすがに文科省もうろたえて、ここ数年来、子どもたちに農業体験をさせろと盛んに旗振りをしています。その一例として、都市部の中・高生の修学旅行に農業体験を組み込ませました。わたしの町でも、阪神地方の中学生を一泊二日で、一軒の農家に三人を受け入れ、一人当たり七〇〇〇円の宿泊、体験料を受け取っています。農家にとっては貴重な現金収入になりますし、生徒にとっては貴重な農業体験になる、いわばウィン・ウィン（共利共栄）の事業になるわけです。今年五月、知り合いの農家でその様子を見学させてもらいました。炭焼きやうどん作り、夏野菜の植え付けなど、その農家の実情にあわせて多様な取り組みがなされています。海辺の農家では地引網の体験もあったとか……。また、昨年はたくさんのホタルが乱舞する時期で、都会の子どもたちが大歓声をあげたそうで、地元のわたしたちでさえうらやましく感じるほどです。

　これまでの名所旧跡めぐりの修学旅行とは違って、これらは新しい試みと一応は評価しつつも、ともすれば、ついつい農業イベントになりがちな傾向はないか、考える必要があります。農業の本当のきびしさ、役割、意義、やりがい、喜びなど、「地に足の着いた」農業体験とはどういうものか、もっとじっくりと検討が必要だと思うのです。

米づくり

農業とは大自然に働きかけて、わたしたちのいのちの糧《かて》となる「いのち」あるものを作り出す行いです。その「いのち」の育ちに手をかけ、日をかける過程が農業です。

米づくりで考えてみましょう。まず、五月の連休の頃、種モミを蒔《ま》いて育苗し、六月に田植え、十月に稲刈りで合わせて五カ月。この五カ月で稲は素晴らしい成長をとげます。例えば、わたしが子どもたちと作るアイガモ農法の田んぼでは、二本ずつの苗で植えた株がどんどん分《ぶん》けつ（根に近い茎の関節からの枝分かれ）を重ね、最終的には約三〇本の株になります。一本の稲穂にはだいたい一二〇粒の米がつきますので、ざっと計算しても一株で三六〇〇粒に。これは、ごはん茶碗に大盛り一杯のごはんの量です。つまり、二粒のモミがごはん茶碗に大盛りのごはんになるのです。この素晴らしい種モミの力、力強く分けつして成長していく「いのち」の輝きこそ子どもたちに感じて欲しい「農業体験」です。

今まで八年間、近くの小学校五年生との米づくりを続け、約千人の子どもたちを田んぼに招きました。その中で、三年前一人の男の子が自転車に乗って、毎日夕方観察にやってきました。わたしは一株の苗に支柱で印をつけて、その株をサンプルとして詳しく観察するようアドバイスしました。彼はものさしを持ってきて測ったり、デジカメで撮影したりと熱心でした。そうして一〇月に全員で稲刈りにやって来た時に、真っ先にそのサンプルの株を彼に

刈り取らせ、お正月の床の間のお飾り用にと持たせました。

もちろん、目をかけるだけでは作物は実りません。地道に手をかける作業が連綿として何百年も続けられて、今こうしてわたしたちの目に美しい農村風景として残されているのです。

家庭でできる農業体験

家庭でできる農業体験を考えてみましょう。まず、庭のあるお宅ではそのまま家庭菜園ができます。本屋さんを見回しても、家庭菜園の本がいろいろ刊行されていますし、ＮＨＫの教育テレビでも「やさいの時間」という番組もあります。それらを参考にしましょう。なるべく化学肥料や農薬を使わず、生ゴミや落ち葉、草などで堆肥を作り、安心・安全・本物の野菜を作りましょう。その際、子ども用に菜園を適当な広さに区切って、「だれだれの野菜畑」と看板を立てて意識づけをし、そこの世話はいっさいその子に任せます。植え付けはその子の好みに任せます。毎日一回は観察し、一週間ごとに記録（スケッチ）し、収穫できるようになったら日々の収穫記録をつけます。もちろん、庭のないお宅ではベランダの大きめのプランターでも同様に野菜の育ちを目の当たりにできます。

わたしも自然農法で、不耕起、無肥料、無除草で家庭菜園を楽しんでいますが、ほとんど手をかけないこの農法でも、記録してみると驚くほど収穫できています。作物の持つ生命力、大自然の恵みをしみじみ感じる次第です。

もし、田舎のあるお宅でしたら、もっとダイナミックな農業体験ができます。週末に家族で出かけ、みんなで農作業にいそしむ……。かつてはあたりまえだった家族労働がよみがえります。田舎のない場合は、グリーンツーリズム（農村での休暇体験）でなじみになった農家に田舎になってもらい、折々に訪れて家族で農業体験をさせてもらうのもいいでしょう。また、もっと近場では市民農園もあります。ドイツではクラインガルテンといわれる市民農園が盛んで、その農園の一角のコテージ（小屋）に週末には泊まり込み、平均一〇アール（一反）の畑でじゃが芋や野菜をほぼ自給するとか……。

このように、土に親しみ、安心・安全・本物の作物を自産自消する喜び、それを家族で共有する幸せ……。すべての子どもたちにぜひ味わって欲しいものです。このような農業体験を重ねた子どもたちが将来、美しく豊かな農村の守り手となってくれる事を願います。

（小原裕子）

3　高校生と農業

農業高校には非農家の子どもたちが多く入学してきます。赴任した当時、子どもたちの自己評価が低く、自己を表現することが苦手なことが気になりました。動植物を一生懸命世話しているようで、実は人と接することが苦手です。子どもたちは動植物にいやされていることに気がつきました。

子どもたちは周囲から、「頭が悪い」「臭い」とバカにされた経験を持っていました。そんな彼らが、「いのち」に触れる授業の中で、いのちを支える食を学んでいることに誇りを持つようになっていきました。その思いを次のような文章に綴っています。

「肥料をまいたり、水をかけたり、草抜きをしたり、いろいろな苦労を知り、ありがたく食べることができました」「私たち人間と動物、植物などとのかかわりが学べる楽しさをもっと知っていきたい。さらに多くの人に、農業という『生きていくうえで大切なもの』を好きになってほしい」

中でも、特に印象深いものとして子どもたちが必ずあげるのが、鶏《にわとり》の解体実習です。「肉にされる過程を自分の目で確かめると、自分は命を食べていることを実感する。そして、肉にされた動物たちに感謝を覚える。消費者には、肉にされた動物たちの命を粗末にしてほしくない」

農業体験を文章に綴ることで、他の命によって支えられている自分を見つめて「食・生命」のつながりを考え、人間らしい生き方を模索する姿が見えてきます。

「これからの農業にはまだまだたくさんの課題がある。日本は大量の食料を輸入に頼っているのに、残飯の量も多い。食べ物に対するありがたみが減っている。私も園芸のすばらしさを知ってもらうために、私の技術を活かして、地域の方々に花苗や野菜苗の無料配布を行っている。これからも、私にできる精一杯のことを行っていきたい」

（梅田美和子）

第二章　子どもの育ちと私たち

4　なんでも〝イヤ！〟は子どもの独立宣言〜一歳半から二歳〜

子どもは一歳半から二歳頃になると、なんでも「イヤ！」を連発するようになります。あんなに素直だったわが子が、親のいうことを聞かなくなった！「あつかいにくい困った子」になった！　この先どうなるのだろう、と悩んだり心配したり……。

なんでも「イヤ！」は、自分を意識する心の働きである〝自我〟が誕生するからです。自我が誕生した子どもは、それまでは親と一心同体だったのが、「自分は親の一部ではない」「独立した存在だ」というアピールを始めます。その最初が「イヤ！」なのです。「イヤ！」には心の育ちが隠されているのです。

自我の誕生は「自分の存在に誇りを持つ」ことの始まりです。「自分はすごいだろう！」と感じる自我こそ、子どもの心の中から決してなくなってしまわないように、大切に守り育ていきたい人格の核心部分といえます。

親は、自我が芽生え「扱いにくく」なったわが子に対して、つい「イヤじゃないでしょ」「いけません」と一方的に親のいうことに従わせようとしがちです。しかし、それでは「自我のめばえ」をつみ取ってしまうことになります。

では、どのように子どもと向き合ったらいいのでしょうか？

親が指示どおりに動かそうとするのではなく、子どもが自分の意思で動けるようにかかわっていくことです。一つは、パンツをはくのが「イヤ！」という際には、ライオンさんとゾウさんの絵のあるパンツを子どもの前に並べて置き、「どっちをはく？」と選択肢のある場面を作ることです。すると子どもは、「こっち（ゾウさん）」と選んでパンツをはこうとします。選ぶという自身の行為によって「親の一部ではない」を実感できるのでしょう。二つには、「ご飯食べるよ」と言葉をかけた後、皆さんはどうされていますか？「ほらごはんよ！どうして来ないの！」……等々間髪いれずにたたみかけてはいませんか？これでは「イヤ！」を、もつれさせてしまいます。ではどうするか？言葉かけをした後、ちょっと間を置くことです。そうすれば、子どもは自分の意思で動いたという感覚をもつことができます。三つには、二歳を過ぎたならば、ご飯の二、三〇分くらい前に、「もう少ししたらご飯にするよ」と予告するといいでしょう。子どもは、自分で動く心のゆとりをもつことができます。

（黒川久美）

5　子どもの心によりそう―「いいこって、どんなこ？」

朝・夕、親が忙しい時にかぎって、「○○しなさい」に「イヤッ！」と「反抗」する子。「モー、そんな子は嫌い！」に大泣き・大暴れ。こんな親子バトルはないですか？　親のいうことを聞く素直ないい子になってほしいとつい思ってしまいます。

『いいこって　どんなこ？』（ジーン・モデシット文　ロビン・スポワート絵　もき　かずこ訳　冨山房）という絵本があります。うさぎのバニーぼうやとお母さんとの対話です。

「ねえ、おかあさん、いいこって　どんなこ？」「ぜったい　なかないのが　いいこなの？……」／母「ないたって　いいのよ。でもね　バニーが　ないていると、なんだか　おかあさんまで　かなしくなるわ」／…／「おこりんぼは　いいこじゃ　ないよね。ぷんぷん　おこっている　ぼくなんか、おかあさん　きらいでしょ？」／母「とんでもない。ぷんぷんおこっているときも　にこにこ　わらっているときも　おかあさんは　バニーが　だいすきよ」／…／母「バニーは　いまのまんまで　いいの」……

泣いたり怒ったり「ダメなところ」をいっぱい持っている子どもを丸ごと受け入れることと、「いいこじゃなくても　あなたが大好き」と受けとめたいものですね。例えば、子どもが転んで泣きながら親のところに来た時、どうしているでしょうか？　とかく「痛くない！このくらいのことで泣きなさんな！」と言いがちではないでしょうか？　強い子に育てねばとの思いからかもしれませんが、これでは子どもは自分が感じたことを否定されることになります。そうではなく、「ああ、痛かったねぇ。よしよし」と抱きしめてあげれば、子どもはそう感じてもよいのだ、泣いてもよいのだと自分を肯定できます。子どもに共感し、受けとめてくれるおとながいることで、自分が愛されるに値する存在だと思え、自分を愛し信頼する心、つまり「自分が自分であって大丈夫」という自己肯定感が子どもの中に育っていくのです。この自己肯定感は、自分らしく人間らしく生きていくための礎《いしずえ》となるものです。自己肯定感を育《はぐく》む子育てをしていきたいものです。

（黒川久美）

6　「熊本地震」で見せてくれた保育園の底力

二〇一六年四月、二度にわたる震度7クラスの地震に、九州の保育研究運動仲間である熊本の保育園は大丈夫かと大変心配しました。S保育園は建物自体に異常はなかったものの、保育室内はガラスが割れ、物が散乱。それでも片づけ終わった翌日には、「私設避難所」として地域の人々に温かい夕食や朝食を提供。Y園はガスが停止している中、園庭で薪と炭による炊き出しを実施。現地の様子はSNSにアップされてきました。両園とも多い時は八〇名を超える人たちに避難場所を提供し、炊き出しを行ったということです。

保育園は子どもたちに給食を毎日提供しています。多人数対象の調理は得意技の一つです。子どもたちを連れてキャンプに行き、薪で火をおこすなども手慣れたものです。Y園からは、園庭で薪によるドラム缶風呂《かんぶろ》に入り、子どもたちがはしゃいでいる様子の画像もアップされました。子どもたちにストレスが溜まっていることだろうと、小学校の避難所に、保育者たちが絵本の読み聞かせボランティアに行ったりもしています。また、近隣の避難所は一日オニギリ一個しか配給されていないと知れば、即、温かい炊き出しを「出前」したり、ご近所さんにも届けたり……。

このように、食にしろ、子どもたちへの心配りにしろ、必要なことを実行する力にしろ、日々の実践を通して培ってきた力が、この緊急事態でいかんなく発揮されています。体調を心配して「頑張りすぎないで」という県外の保育仲間からの書き込みに対して、「こんな時にこそ、日頃迷惑かけているので恩返しをしなければと思い、できることをしています」という園長からの返信。「保育園が子どもたちの、保護者の方の、そして地域の方の居場所となり、支えとなっている」「地域と共に生きる保育園のあり方の一面を見た感じです」などの声が応援する仲間から届いています。保育園はまさに地域における安心の子育てや暮らしの拠点なのだ、と再認識したところです。

（黒川久美）

7 子どもの声は騒音ですか？

千葉県市川市で、新規開設を予定していた保育園が、「子どもの声がうるさい」等の理由で近隣住民から反対され、開園を断念したという新聞報道がありました。住民の反対で断念や延期に追い込まれるケースが相次いでいるといいます。子どもの声を騒音ととらえる人が近年増えているようです。

家庭でも、マンションの下の階に住む住人から、あるいは一戸建てでも隣の家からのクレームがあり、子どもに静かにするよう叱らざるをえないという親も少なくありません。確かにクレームをつける人の背景（例えば深夜労働である等）も考える必要があるでしょう。とはいえ、全体として、子どもへの寛容度がずいぶん低下した社会になってはいないでしょうか？

赤ちゃんは泣くのが〝シゴト〟、友だちとキャーキャーと跳び回って子どもは育つもの。この当たり前のことが当たり前とは思えない。誰もが乳幼児期を経ておとなになっていくのですが。かわいい孫の泣き声や大声は、うるさいとは思わないものですよね。知っている子どもの声は騒音とは感じない。つまり日常的に子どもたちと何らかの関わりがあればうるさいという不快感はなくなるのではないでしょうか。子どもから遠ざけられた日常が、子どもに不寛容な社会を生み出した要因の一つかもしれません。

お散歩に出かけて近くのおばあちゃんやおじいちゃんと顔見知りになる、園の夏祭りに招待される等々、保育施設は子どもと地域の人との出会いの場を生み出します。そこには人と人をつなぐという保育の文化があるのです。前回紹介した熊本地震での保育園の〝活躍ぶり〟もそうした文化の蓄積によります。子どもたちを〝元気の素《もと》〟だと感じながら暮らせる地域は、誰にとっても住みやすく安心できる地域といえるでしょう。〝子どもと近くなる生き方〟を選ぶことによって得られる幸せ――まさに人間らしく生きることといえないでしょうか。

（黒川久美）

8　おてんば母さん、悪ガキ父さん

読み始める前から、Aさんはニヤニヤ顔でした。昨日のお母さんへのインタビューの結果を、みんなに報告する「手紙ノート」の時間です。

「わたしのお母さんの子どもの頃の思い出は、木の上にひみつ基地を作って、お菓子を食べたり、景色を見たりしていたそうです。雨が降った日は、ドロ団子を投げて、戦争ごっこをしたり、水たまりがある神社でスライディングをしたりしたそうです。すごくよごれても、おこられなかったそうです。今、よごれて帰ったりすると、親はおこると思うのですが、昔はあまりゲームが無くても楽しそうだなあと思いました」

わたしの教室では、ほぼ毎日、「手紙ノート」という回覧ノートを読み合う時間を作っています。「夢中になっていること」や「家族の紹介」などを書き、毎日二人ずつが発表。その後、数人の質問や感想発表に続きます。いつも一緒に生活している学級の子どもたちですが、こうした綴り、語り合う、内面世界の交流の場は、意識的に作っていく必要があり、とても大切な学びの場であると感じています。

さて、五年二組では、二学期の中盤くらいから、「手紙ノート」のテーマを、「少年時代の家族」としました。ふとしたことがきっかけで、家族への聞きとりを元に報告文を書くことになったのですが、これが非常に面白い！　子どもたちも、朝から楽しみにしているようです。

これまでに報告された、子どもたちの家族の少年・少女時代を紹介してみましょう。

・縄跳び大会で四六分間も続けて跳んで、一位になったお母さん
・四年生の時、乗っていた自転車の後ろのタイヤが外れても、無傷だったお父さん
・捨て猫を飼っていたら交通事故に遭い、必死で看病をして助けたお母さん
・近所で飼っていた鯉を釣って、こっぴどくしかられたお父さん
・二年生の時にルース台風が上陸して、屋根が吹き飛ばされたおじいちゃん

子どもたちは、今、大人として存在する家族一人ひとりの歴史に、まぎれもなく少年・少女時代があったということを、親しみをこめて受けとめ、安心するのです。（村末勇介）

9　ささいなことにも喜びを～子どもたちとの「世界」をたのしむ～

きまちよかった↓きもちよかった／ちんばっかい↓しんぼく会／かみしまい↓かみしばい／ハ手のす↓ハチのす／がんぼって↓がんばって／くみたりそう↓くみたいそう／けっく

ボード↓キックボード／アミュフラゼ↓アミュプラザ／おうらまん↓ホームラン／しるやすみ↓ひるやすみ／一りんた↓一りん車／おてつ大↓お手伝い／草はりい↓草はらい／みったじんじゃ↓新田神社／フトレス↓ストレス……まだまだありますが、このくらいにしておきましょう。

以上は、子どもたち（小二）が生活日記の中で書いてくれた「おもしろ間違い」の例。もちろん、これらは、単語として登場するのではなく、「お父さんは、昨日、会社のちんぼっかいに行きました」といった文として出てくるので、しばし立ち止まりつつ、読み取っていくことでわかる間違いということになります。「ん？　船に乗って、潜水でもしたのかな」などと考え込んだりもしますが、しばらくすると「ああ飲み会か～」ということに落ち着き、それから大笑いするわけです。子どもたちの間違いは、もちろん指導の課題でもありますが、そういう教師根性丸出しのとらえ方だけでなく、ほっと一息のリラックスタイムとして、温かく見てあげたいなあ、と思います。

二学期の最後の日、子どもたちの計画により、「二学期打ち上げお楽しみ会」を開催しました。班ごとの出し物やビンゴゲームなどの後、校庭でのレクリエーションとして、ドッジボールと「シチュー」をすることになっていましたが、わたしは、「シチューって新しい遊びがあるんだな」と思っていたのです。そこで、ある女の子に尋ねてみました。「シチューって、どんなゲームなの?」するとし、「……」何言ってるのという顔。しばらくして、謎が解けました。なんとその遊びは、わたしが体育の時間に教えた「馬」だったのです。馬の最初に作る「支柱」からシチュー。わたしは、一人で大笑い。同じ時間を生きるなら、ささいなことにも笑える方が、楽しい人生。そうそう、免疫力も、アップするのです。がん予防にも、つながります(笑)。

(村末勇介)

10 子どもはなぜ、いじめの事実を親に語らないのか

〈以下は、表記テーマ(問いかけ)について講義の際の、学生との対話(体験の回想・交流)です〉

「自分の場合、親が下手に動くといっそうこじれそうな予感があった」

「父親が学校にどなりこんで解決したという例もあったけど」

「でも、その後が怖いんじゃないかな。いっそうおそろしい冷ややかなシカトが待っていたりして」

「話しても、どうにもならないと思っていた。親も毎日忙しそうだし」

「オレの場合をふり返ると、やはりプライドだったかな。自分でも認めたくないのがイジ

メというやつだ。いじめられても気づかないふりしてやり過ごそうとする自分がいたくらいだ。まして親に知られるなんて、絶対イヤ」

「人のプライドを破壊してたのしむ、それがイジメなんだなー」

「僕の場合、自分より親のプライドが気にかかった。だって、かわいそうだろう」

「え？」

「息子がいじめられていると知ったら親が傷つくじゃないか。そんな子に育ててしまった自分は最低の親だったと自身を責める。それって嫌だよ」

「だから親に期待される『いい子』を演じ続けるわけか。つらいね」

「そうしないと親に見放される、という気持ちもあったかもしれない」

「そんな『いい子・いい親』の関係なんか、ぶっこわさんこて（ぶちこわせばいいのに）！」

「……」

「私の場合は母に語りました。笑いごまかしながら話す私のつらい体験を、母は涙を一杯ためて聞いてくれた。いっしょうけんめいに聞いてくれました。だから私も泣きながら全部しゃべってしまった。胸のつかえが下《お》りました。母がいたから私は死ななかったと思う」

（川野恭司）

第三章　「子どもの貧困」に直面して

11　保健室からみえる「子どもの貧困」

服についた汗の臭い、体からの臭い、髪の毛からの臭い。子どもの近くにいる人ならだれでも気づく臭いがあります。洗濯してもらってないなあ、お風呂入ってないなあと予測できる臭いです。たぶん、本人も困っているはずだから、担任と相談して、保健室でできることはないかを探していきます。家庭と学校のはざまで、子どもが困っていることを周りの人人に伝え、具体的に動くのが保健室の役目です。

小学生はまだ自分の体のことを上手に表現できません。風邪でも、吐きたくても、疲れていても、おなかがすいていても、全部、「おなかがいたい」「あたまがいたい」と言います。保健室で落ち着いてもらい、いろいろ話を聞きます。ゆっくりと話をするうちに、本当に言いたかったことが出てくるのです。

「おなかがいたい」という理由のなかにおなかがすいている、ということはよくあります。たまたまその日だけ寝坊したとか。家族が寝坊したとか。ある子の家庭は朝食を食べる習慣はないとか。食べたくても何も準備がない、という子もいます。

お湯や麦茶をすすめながら、あなたはどうしたいの、と考えさせます。給食までおなかがすいているのを我慢して授業を受け続けるのは、考えただけでも大変なことです。かといって、今、学校ではアレルギー対応や食中毒対応の問題も大きく、給食以外に飲食をさせるべきではないと言われます。給食を作る調理員さん方は、日常でも鳥刺しや二枚貝を口にされないし、アレルギー対応食を何食も分けて作っていらっしゃるところもあると聞けば、私たちも十分気をつけなければなりません。

その日の朝ごはん一食分だけ食べていないのであれば、まだ少しは我慢させる方法もあります。でも、前日の夜から二食食べていない子がやってくることがあります。顔色も悪く、ふらふら気味です。食事を抜く影響は、大人と違って子どもであればあるほどダイレクトに体にダメージが出るので、気分が悪くなっている子どもには、担任や管理職と相談して対応をするようにしています。

「親が準備していなくても自分で何かを食べてこれるように、果物やパン、白ごはんは準備しておいてください。それだけでいいですから」。学校保健委員会などで、保護者に呼びかける言葉です。児童生徒には、「自分で、何かあるものを食べることができるようになろう。果物の皮をむくとか、ごはんよそって漬け物をのせるとか」と話します。生活環境や親子の関係性をすぐに変えることはできません。時間がかかります。だから、全てを親任せにせず自分で何とかしようと思う子どもの気持ちを育てるのも大事なこと。子どもの成長のために何ができるかを親や周りの大人が考えるのも大事なことだと思います。

ごはんの準備がないとか、洗濯をしてもらえないという子どもたちが、将来、「あんなこともあったよねえ」と辛かったことを笑って話せるような大人になってほしい。そう心の中で願いながら、毎日保健室で子どもや保護者や先生方の話を聞いています。

（安村美代）

12　おじいちゃんと暮らす一歳半のA君

共同保育所ひまわり園

児童福祉施設である共同保育所ひまわり園には、様々な家庭の子どもが通っています。「毎朝、遅れてくる」「紙おむつはいつ換えたかわからない」「提出物が出てこない」「カバンに汚れた着替えがそのまま入っている」「主食を持ってこない」等があると、「困った親」と考えてしまいそうですが、その背景には、障がいや病気、ひとり親や、非正規雇用などを原因とした親の生活困窮があります。自己責任を叫ぶ人の中からは「親が頑張らないから」「しっかり指導しないと」という声も聞こえてきそうですが、園では、指導ではなく支援が必要な状況として、職員みんなで対応します。

登園が遅い子どもには、朝すっきり目覚められるように、日中の活動やお昼寝の時間を見直し、着替えのない子どもには、園で洗濯して返すなどあらゆる方法で支えます。なぜならば、その背後に個人の努力ではどうにもならない貧困という社会の問題があるからです。

おじいちゃんと暮らすA君

A君は一歳半の時に、経験不足によって発達に遅れがあるのではないかということで入園しました。障がい者支援施設で出会ったお父さんとお母さんはA君が生まれてすぐに離婚。それぞれの実家で暮らすことになり、A君はお母さんと暮らしていました。入園後、A君はぐっと成長し、しばらくはおだやかな生活が続きました。

おだやかな日が崩れたのは祖母の病気が始まりです。家族全員が非正規雇用というA君の家庭では、祖母の病気によりA君の養育はお母さんの障がい年金頼りとなっていました。生活保護を受けようにも、実家に暮らす叔父・叔母の所得が妨げとなり、一時は家賃も払えない状況となりました。同時期に、経済の柱となっていた叔母も妊娠出産し、生活の厳しさが増していました。そこで、保健師さんに相談し、A君の療育手帳を申請し、特別扶養手当の支給手続きをすることになりました。手当が支給されたことで、A君自身の生活費はなんとか確保されました。

そんな中おじいちゃんから「妻がもうダメかもしれない」という相談が入ります。二人の孫の子育てと祖母の介護で、おじいちゃんの疲れはピークに達していました。保健師さんに連絡し、その日のうちに叔母の子どもの保育所への緊急入所が決まり、相談支援事業所の支援でA君には居宅支援（ホームヘルパー）が入ることになりました。残念ながら、その後祖母は亡くなり、おじいちゃんが中心になってA君の子育てをすることになりました。

遠足でおかず交換

秋の遠足の日、まわりの子どもたちがお母さんの作ったキャラ弁を嬉しそうに広げる中、A君のお弁当にはウインナー二本とご飯のみ。職員は遠足に弁当を持ってこれない子どもたちのために、一つ余分に作ってきた弁当を渡しますが、「おじいちゃんが作ってくれた弁当だから」とA君は受け取りません。おじいちゃんを思う気持ちが嬉しくてそっと見守っていると、A君はおかず交換で、みんなから集まったおかずを楽しそうに食べていました。水筒

など準備できないA君のお茶もおやつも園から準備しています。A君は友だちと遠足を楽しみ、保育園の思い出を増やしました。

制服

卒園前のある日、おじいちゃんが「制服代が払えない」と相談にこられました。おじいちゃんの話から、就学説明会に行った叔父が制服や体操服など数万円分の注文をしていたことがわかりました。A君の就学に向けてすでに連携していた小学校に連絡し、校長先生に事情を話すと、すぐに一年生から卒業するまでの全てのサイズの制服と体操服のお下がりを集めてくださいました。上履きも運動靴もありました。また、事情を聞いた保健センターの保健師さんからも新品同様のランドセルが二個届きました。

支援は園からA君の家庭への一方通行ではなく、A君の家庭から保育園への協力も惜しみなく、保護者会主催の環境整備の草刈りなどは、積極的に参加され、物品販売でも、必ず一つの品物を買って協力されていました。卒園後もリサイクルセンターで自転車を買ってきて園児を喜ばせてくださり、夕涼み会や四〇周年記念イベントなどには必ず参加するなど、嬉しい交流も続いています。その後、自分の厚生年金の支給も始まったことで経済的にも安定したこと。叔母も結婚して幸せに暮らしていること。お母さんもグループホームで新しい生活を始めたとの嬉しい報告がおじいちゃんからありました。

家庭への支援は、ふだんの生活の観察や送り迎えの保護者との何気ない会話によって、担任から園長・主任に情報が共有され必要な支援につなげられていきます。クラス担任も保護者が疲れているように見えた時は「お話されませんか」と相談につないでいきます。A君の家庭への支援もそんな小さな会話を積み重ねながら行われてきましたが、そのことがおじいちゃんを支え続けたのかもしれません。

どこの保育園にも

どこの保育園にもA君と同じような生活困難を持った子どもがいます。貧困は目に見える形で現れる訳ではなく、一見「困った親」と見えることがあります。子どもたちの背景にあるものをしっかり捉え、日々憲法で保障されている健康で文化的な生活をおくれているのか、様々な生活課題を抱える家庭を保育所でどう支えるのかを考えることが、保育者の責任なのではないでしょうか。子どもの貧困は社会の問題です。みんなが豊かに暮らせる社会を作っていくことが重要となりますが、その前に今困っている人にすぐできる支援を考え出すことも大切ではないかと考えています。

（愛甲明実）

第四章　子ども食堂

13「森の玉里子ども食堂」

子ども食堂を鹿児島に

教師になって一四年が経ちます。様々な子どもを見つめてきた中で、一番気がかりだったのは、家庭から、その子どもにはどうしようもない「がまん」をしょって学校に来る子どもたちがいることでした。

子どもは、どの子も良い子で、その子にしかない良さをもっています。しかし、抱えているつらさを表現できなくて、問題行動に表れてしまうこともあります。本人も無自覚にイライラしてしまったり、無気力になってしまったりします。経済的な苦しさや、親が仕事のために長い時間（時には夜間）子どもだけで過ごす寂しさ、親に十分甘える時間がもてないもどかしさなどが、その子とじっくりかかわっていくと、ある時言葉や行動から垣間《かいま》見えることがあります。あるいは大好きな親をかばいたいので、あえてつらいことを隠そうとする姿もよくあります。その子には何も責任のないことで、気持ちが安定できず、本来もっているその子の良さを発揮できずに、学習や友だちとの関係でつまずいてしまっていることを感じるとき、教師である自分がどうしようもなく無力に思えます。

育児休業をいただいて、自分も二人の娘の母として子育てを始めた時、「子ども食堂」が鹿児島にも広がっていくといいなと切に考えました。自分自身が子育てをしていて考えることは、何においても子どものことです。寝顔を見ていて「この子だけは、何があっても幸せにしたい」と心底思います。そして、そう思うのは、これまで私が見てきた子どものお父さんお母さんも、同じだったはず、と考えます。何とかしたかった子どもたちの背景に、同じくつらい思いをしていたお父さんやお母さんの姿が思い浮かんできました。幸せにしたい子どもがいるのに、仕事に必死にならざるを得ない時、子どもに八つ当たりをしてしまう時、子どもに寂しい思いやひもじい思いをさせて待たせてしまう時が、私にもあります。それらをうまく改善できない時、自分がとてつもなく孤独と感じたり、自分を責めたりして、子育てを楽しむ余裕を全く失ってしまいます。

一方で、ご飯を一緒に食べるという行為は、心も身体も元気にします。私は教師としても母としても試行錯誤、失敗の連続の日々ですが、ご飯に明日への活力をもらうことが多くあります。尊敬する先生が悩みを聞きながらご自宅で食べさせてくださったご飯の温かさ。そして小さな離島（三島村黒島片泊地区）に赴任していた時に、日曜日の夜にいつも煮物を作って待っていてくれた一人暮らしのおばあちゃんの味は、何年経っても忘れられません。

ご飯で、心も元気になる。そして、何とか明日もやっていこうという気持ちになる。「同じ釜の飯」と言いますが、共に食卓を囲むことで人と人の心の距離も縮められ、地域の人が親子を知り、顔見知りになってもらえたら。子育て中の親子が孤独を感じることが少しなくなって、ほっとできる居場所ができたら。そんな子ども食堂が県下にたくさん広がって、私にはどうしようもできなかった子どもたちのいる校区にも根付くことを願い、まず自分の住んでいる鹿児島市玉里団地に子ども食堂を立ち上げようと決心しました。

「森の玉里子ども食堂」を立ち上げて

二〇一六年六月二四日に、玉里団地福祉館を会場として、「森の玉里子ども食堂」をスタートさせました。

運営は、目の前に来た課題をこなしていくことに必死でした。初めて出会うたくさんの人が、力を貸してくれました。エプロンをもってボランティアに来た方。米や野菜を持ってきた方。花をもってお祝いに来た方。寄付をしようと見学に来た方。そしてかかってくるたくさんの問い合わせの電話。「子どものために何かできることをしたい」と考える人がこんなにも多くいたのかということに驚かされました。

県下で最初の子ども食堂ということもあり、新聞やテレビの取材が多くありました。そんな中で「子ども食堂って何だろう?」「誰でも来ていいんだって」「ご飯タダなんだって」と、七月八月には一〇〇人を超える親子が参加したこともありました。「『子どもたち、たくさん食べて元気で大きくなってね』と応援してくれるたくさんの人の真心でできているご飯なんだよ」「多くの善意で運営できている子ども食堂です」と、子どもにも大人にも趣旨を理解してもらうことに努めました。

初回の子ども食堂の様子

家庭で親が言うように「よく手を洗って」「きちんと挨拶してね」「くつはそろえて」「食べたら自分で皿を運んで」などと、子どもたちに語ってほしいことをボランティアさんにお願いしました。そして、それ以上に、どんな話題でも、子どもたちとたくさん話し一緒に食卓を囲むことを大事に、ボランティアさんと活動してきました。「今日はどのおかずがおいしかった?」「何年生なの?」「どんな遊びが好きなの?」とりとめのないことでいいのです。それをきっかけにして、少しずつ子どもたちの心がほぐれ、笑顔が見られるようになってきました。

見えてきた子どもの姿

「森の玉里子ども食堂」は月二回実施しています。来る子どもは小学生や幼稚園児、保育園児、そして未就園の小さな子どもたちの割合が多いです。そんな小さな子どもたちも、上手に自分で食べたり、ボランティアに手伝ってもらい、自分の食べきれる量を配膳したりしています。

食事の感想を聞くと、「今日はひじきがおいしかった」「のりのお汁がおいしかった」などと、意外と和食の献立も喜んで食べています。周りの子どもたちがよく食べていると、偏食をしている子はほとんどいません。

「うちの子は家ではあまり食べないのですが、子ども食堂へ来てとてもにぎやかな雰囲気だし、お友だちにつられて、いつもより野菜を食べていてびっくりしました」というお母さんの感想をいただくこともよくあります。

小学生は、きょうだいや友だち同士で来ることもあります。

「何でもしっかり食べて偉いね」「おかわりしてくれて嬉しい！」などと声をかけると、「カレーがおいしかった」「学校でもいつもおかわりするんだ」などと笑顔を見せてくれる男の子たち。学校が違う子ども同士も、「この兄ちゃんは何年生でしょうか?」などとボランティアが話しかけると、「ねえ、五年生?」などと会話が始まり、いつのまにかカレーのおかわりを競っていたりもします。ボランティアさんに見守られ、きょうだいではない近所の幼稚園児から小学生まで五、六人で女の子が仲良く集まって、女子会のようなテーブルもあります。

中学生や高校生が来ることもあり、その時は食後に小さい子の面倒を見てくれたり、片付けの手伝いをしてくれたりしてくれるようになり、頼もしく、助かっています。

食前に行う読み聞かせ

食事は野菜果物たっぷり

面倒を見てくれる高校生

配膳

調理をするボランティア

ボランティアに赤ちゃんを抱いてもらい、食事をする若いお母さん

親が笑顔で帰っていく

子どもを連れてくるお母さん、お父さん、おばあちゃんも、帰る時はみなさん笑顔を見せてくださいます。

〈参加した保護者へのアンケートより〉

・とってもおいしく幸せでした。子どもがいてなかなかこんなたくさんのメニューを作れないのでありがたかった。

・とにかくにぎやかでした！　子どものお友だち同士で来たので、美味しく楽しく食べられました。皆さんが声をかけてくださるので、安心します。ご飯もおいしかったです。明日からまた子育てと仕事がんばります。

・多くの方の気配り目配りを感じました。お店の味でもなく、自分で作った味でもなく、とにかく美味しかったです。優しい味でした。長く食べていませんが、母の作ったご飯を食べた感覚がしました。心も身体も忙しくて行き詰まりがちな毎日でしたが、またがんばろうと思えました。有り難うございました。

このように、子どもだけでなく保護者にとって、子育ての先輩であるボランティアとの会話や、自分たち親子を気にかけてくれる人の存在にほっとできる子ども食堂でありたいです。

もりもり食べている子ども

ボランティアと食卓を囲む

ボランティアの変化

二〇一六年度は約八〇人のボランティアの方にご参加いただきました。その中で、何度もくり返し参加してくださる方も多く、安定した活動ができました。ボランティアの動機は「子どものために何かしたい」「自分の仕事や子育ての経験を生かしたい」というものが多かったです。しかし、活動後の感想を伺うと、「顔なじみになった子どもやお母さん、ボランティアさんたちに毎回会えるのが自分の楽しみになってきた」「子どもの笑顔に元気をもらっています」「世代の異なるみなさんとふれあえて刺激をいただいています」などと、逆にボランティア自身も子どもや多くの人とのふれあいで大きな喜びを感じていることが分かります。

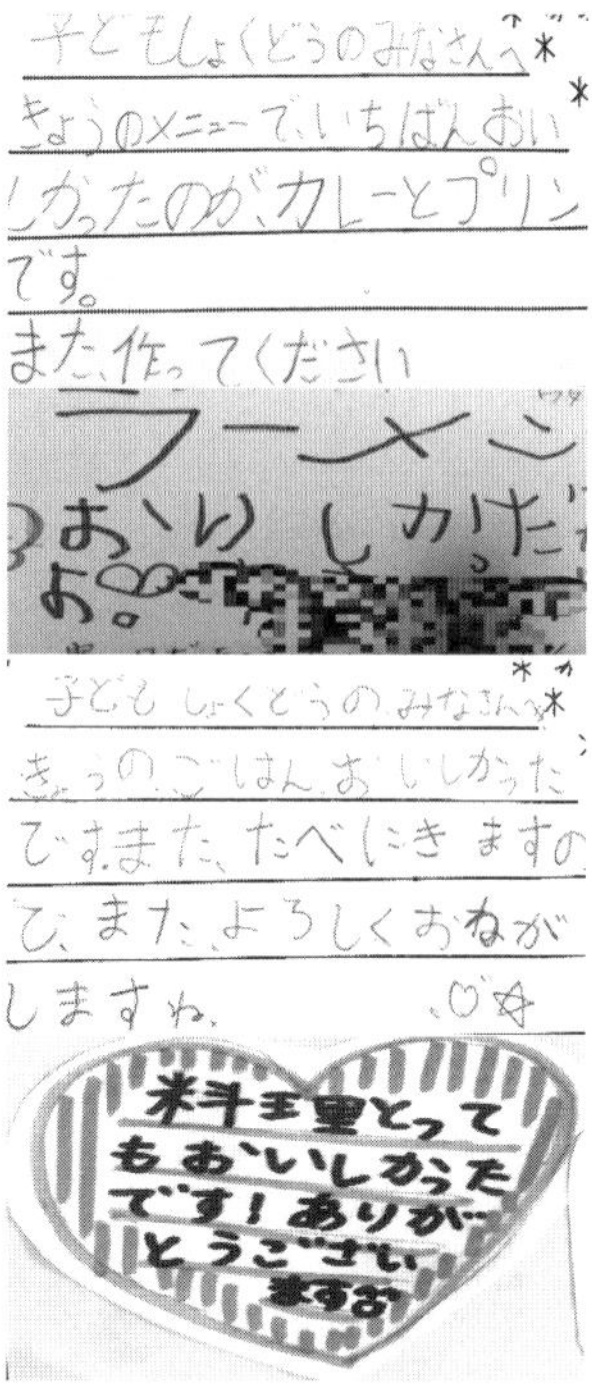

子どもたちの感想より

子ども食堂のこれから

子どもの貧困問題を、月に二回の子ども食堂の食事で解決できるとは考えていません。しかし、これまで子どもの貧困や親子の苦労に気づいていなかった普通の市民が関心をもち、広く活動を重ねていくことで、社会を動かす一つの力になっていけたらと考えます。

（園田愛美）

14　子どもの育ちのための「居場所」～湯浅誠さんの講演より～

居場所とは

二〇一七年一〇月一五日、ホテルウェルビューかごしまで行われた「子ども食堂全国ツアー・イン・かごしま」には約三五〇人が集まり熱気に包まれました。パネルディスカッションには「森の玉里子ども食堂」の園田さんもパネラーの一人として登場。生き生きした現状報告がなされました。ここでは、それに先立って行われた湯浅誠さんの講演でもっとも心に残った所を私なりにかみ砕き、連想したことを含めながらまとめてみます。

子ども食堂がめざすのは、子どもの居場所。本来は家庭が担うべき機能です。「居場所」とはなにか。「心安らぎホッとできる場」とも表現されますが、具体的に掘り下げれば、

一、「くう」「ねる」が保障される

二、「体験」（精神的に成長）させてくれる

三、「かまってくれる時間」がある

四、「病気・ケガ」などのトラブルに対応する

といったことがその条件となるでしょう。

一と四が満たされない状況（絶対的貧困）は、朝食抜き～休み明けの体重減、虫歯放置～口腔崩壊等となってハッキリあらわれます。

しかし見えにくいのは二と三です。二について東京育ちの湯浅さんは、小四での単独新宿行や中二での京都一人旅テント泊（渡月橋で学生との出会い）、高二での九州チャリンコ一周の体験、そして障がい者である兄をもつが故の「貴重な体験」を語ってくれましたが、これは家庭に一定の経済的・精神的ゆとりと理解がなければ実現できません。そしてこのような「体験」の有無は、確かに子どものその後の人生の可能性にかかわってくるのですが、表面的にはなかなか見えづらい。上級学校への進学自体も一つの体験です。進学が人生の全てではないにせよ、希望する子の選択肢が「貧困」によって奪われるとすれば、それは大きな問題でしょう。（進学と言えば、二〇一六年、二〇一七年の文科省統計によれば、鹿児島県は沖縄県とともに大学進学率が全国最下位でした。）

依存体験

さて、重要なのは「かまってくれる時間」という問題です。これについて湯浅さんは次のように語りました。

「〇歳から三歳くらいまでのことは、当然ながら私はよく覚えていません。障がいを持つ

はいタッチ

兄（長男）を世話するのに親は忙しかったので、次男の私はどちらかというと放っておかれることが多かったようです。しかし、代わりに祖父母が私をかまってくれたのでした。よく言葉をかけ、私が笑うと笑ってくれ、さまざまな振る舞い・しぐさを私は学んでいった。この時期、**十分に受け入れられること**（依存体験）によって、その後成長してつらいことに出会っても『なんとかなるさ』という自尊感情が育ったと思うのです」

　聞いていて、この部分はとても心に残りました。「私が笑うと笑ってくれ」と彼は言いましたが、「笑う」という感情・表情自体が、このような相互関係の中から育つのですね。幼児とはかわいいものです。これを見て愉快な気持ちになった大人が思わず笑顔になる。その大人の笑いは幼児にとって心地よく嬉しいものだ！　自分が十分に受けとめられることは喜びですから。こうして大人の笑いを無意識に（あるいは意識して）まねしながら幼児は「笑うこと」を習得していくのでしょう。

　湯浅さんは「十分な依存体験」について、著書『「なんとかする」子どもの貧困』（角川新書、二〇一七年）の中で次のように言っています。

「十分な依存体験があって、子どもはそこを居場所と感じ、それが自立心を育てる。コップに水が溜まっていき、ある時あふれ出るように。また細いロールペーパーの芯に紙が巻き取られて太くなっていくように」

十分にかまってもらう時間。それがなければ、子ども食堂とファストフード店の区別はあいまいになってくるのでは？　子ども食堂の存在意義、今後のありようについて、あらためて大切な問題が提起されたと感じました。

（川野恭司）

第五章　平和を身近に

15　一〇〇人の笑顔を集めよう

笑顔集めを、なぜ？

きっかけは、「領土」を巡る問題が日々伝えられる中で、数名の子どもたちが授業中に発した「戦争をすればいい」「戦争があれば自分も行く」という非常に安易で軽い言葉でした。本心ではないと思いましたが、そのあまりの軽さに、わたしは大きな衝撃を受けたのです。そして、これは一度、戦争や平和について子どもたちとともにしっかりと考える必要があると思いました。

わたしは五年二組の子どもたちと、「一〇〇人の笑顔を集めよう」の活動からスタートさせることにしました。「総合」の時間に、学校外に出かけ、地域に暮らす人々に「笑顔」の写真を撮らせてもらうという活動です。シンプルですが、コミュニケーション能力の試される難しい課題です。

戦争は、途方もない数の人々の「いのち」を奪い去りました。子どもたちは、このいのちを、自分たちとはつながりのないひとまとまりの犠牲者としてとらえてしまい、個別具体的な「生活」を持っていた一人ひとりとしてはとらえきっていません。出会ったことのない人々ですから、当然なのですが……。

しかし、そこに何とか切り込む必要がある、苦しみや悲しみの対極にある一人ずつの「笑顔」と出会うことで「いのち」の個別具体性をとらえさせ、それを最も残酷な形で脅かすものが戦争であるという認識につなぎたい、わたしはそう思いました。

子どもたちは、家から持ってきたデジカメを手に、グループごとに飛び出していきました。一時間という制限の中、一グループ二〇名以上の笑顔の撮影が目標です。そのためには、出会いの挨拶をする、目的を伝え撮影依頼をする、断られてもすぐにはあきらめず再度お願いする、感謝の気持ちを伝える……といったことが必要になってきます。人がたくさん集まる場所を選ぶこと、お店などに入る場合は許可をとることも必要です。

さて、結果は……?

動き出した子どもたち〜笑顔を求めて〜

校区の人たちに、子どもたちが撮影をお願いしている様子を、わたしは遠くから眺めていました。初めはもじもじしていましたが、だんだんチャレンジ精神に火がついたのか、姿を見つけると「よっしゃ」とばかりに近づいて、「交渉」を始めるのでした。

そして、時間はあっという間に過ぎて、集合予定時刻に。わたしは、少し早めに教室に戻り、子どもたちを待っていました。しばらくして、彼らはニコニコの笑顔で教室に帰ってきました。グループごとに結果報告をしてもらい、撮影された笑顔を一枚一枚大型テレビに映し出し、確認していきました。どれも、背中がぞくっとするような素敵な笑顔ばかりでした。

子どもたちは、スーパーやコンビニ、歯科医院、障がい者自立支援施設などを直接訪問し、公園で遊んでいる親子、道を歩いている人に声をかけて、二〇〇名以上の人々に出会い、一二〇〇名の「笑顔」を集めてきたのです。二人の日記文をご紹介しましょう。

◆今日の五、六時間目に伊敷台の人たちの笑顔を写真にとりにいきました。ぼくは、みんなことわったりしないかと心配していました。しかし、ぼくたちが、お願いした中で、ことわる人は一人もいませんでした。ぼくは、この活動をして、改めて地域の人たちのあたたかさを感じました。

◆学習発表会で、一〇〇人の笑顔をスクリーンに映し出します。その写真撮影のため、伊敷台じゅうを回りました。最初の三枚は、連続で「はい、いいですよ」と言われて、写真を撮れました。でも、写真を撮ることは、そうそううまくいくものじゃありませんでした。「ごめんなさい」と言われ、撮れないのが何回も続きました。「もう駄目かな」、そう、グループのみんなであきらめかけたときです。時間も迫ってきています。外のはきそうじをしているおじさんを見かけました。少し迷っていましたが、快くOKしてくださいました。奥さんと一緒に庭にお邪魔して、撮りました。断られて、すごくショックな気持ちもあったけど、一つのとてもいい経験になったんじゃないかなと思います。

かがやく笑顔のつたえたもの

いよいよ学習発表会、朗読劇の本番。つるされた大型スクリーンを背に、子どもたちは足を震わせながらも、やる気に満ちた表情でステージに上がりました。

始まりは、外国語活動の時間に練習した「花はどこへ行った」(ピート・シーガー)の英語での歌です。わたしのギター伴奏のミスをカバーして、子どもたちはきれいな歌声を響かせてくれました。続けて朗読劇へ。小学五年生の姉を空襲で亡くし、六八年間生きてきた男

性の新聞投稿をもとに、戦争の悲惨さと愚かさ、そして平和の尊さを、ゆっくりと静かに語りかけていきました。ラストは「折り鶴」（梅原司平）の合唱。大型スクリーンに映し出された「一〇〇人の笑顔」は、子どもたちの歌声とともに、キラキラと輝いて、一人ひとりのいのちが今ここにあり、一つずつが尊いのだということを表現しました。

終了後、同僚や保護者から「涙が出ました」「今、とても大切なことですね」と声をかけてもらいました。子どもたちの願いは、しっかりと届いたようです。もちろん、あたり前ですが、このとりくみで全てが分かったわけではありません。これからの学びのスタートラインとして位置づけ、子どもたちには、今という時代を自分の「生」にしっかりとつなぎ捉える力を獲得していって欲しいと思います。

最後に、保護者のみなさんからいただいた感想文を添えておきましょう。

◆地域の方々に写真を撮らせてもらうという活動を通して、人と触れ合うことの難しさや喜びなど様々なことを学んだのでしょう。舞台の上の子どもたちは、とてもたくましく成長したように見えました。戦争を知らない親と子。互いに勉強するいい機会になりました。

◆涙が出そうになりました。平和に慣れてしまい、日々のあわただしい生活の中で、今平和であること、生きていることに感謝する心を忘れてしまっていたように思います。私たち親世代も戦争を知りません。でも、こういう悲しいことがあったことを忘れないためにも、語りついでいってほしいです。ここから、子どもたちが何かを感じとって、今を、これからを生きて欲しいです。

（村末勇介）

16　沖縄の若者たちと

二〇一六年四月、沖縄に転居。小学校教諭を辞めて教職大学院の教員となりました。キャンパス上空を飛ぶ軍用ヘリやオスプレイの不気味さに基地の現実を突きつけられながら、すっかり日常の風景として受け取るかの様な学生たちのふるまいに、わたしは少しばかり違和感を抱きながら、沖縄生活をスタートさせたのですが……。

　それからすぐ、あの在沖米軍「軍属」による、うるま市強姦殺人事件が起きました。六月一九日、わたしは、沖縄の友人らとともに県民集会に参加。六万五〇〇〇人が集まったとされる怒りの輪の中に加わりました。翁長知事を初め、すべての言葉に心が震えましたが、中でも、シールズ琉球の玉城愛さん（大四）のスピーチは、わたしの胸にずぶりと突き刺さりました。「……安倍晋三さん、日本本土にお住まいの皆さん、事件の第二の加害者はあなたたちです。しっかり沖縄に向き合ってほしい。……バラク・オバマさん、日本を解放してください。そうでなければ沖縄に自由や民主主義は存在しない。私たちは奴隷ではなくて、米国市民と同じ人間です……」。真っ直ぐな若者のまなざしに応えられる大人でなければと思いました。

　さらにまた、この詩との出合い。大学の同僚の授業で綴られた作品です。

「辺野古でのすわりこみ　嘉手苅《かでかる》健丞《けんすけ》（大二）／／すわりこむ／キャンプシュワブの前の道／始めと終わりはカチャーシー／こわいイメージとは違った／にぎやかなすわりこみ／／すわりこみ／おじーおばー大人や子ども／夏の日には　汗がたえず／冬の日には　ふるえがとまらない／／すわりこむ／おじーおばーは未来のために／すわっている多くの人は／おとしより／若者のためなのに　若者は少ない／／すわりこむ／おじーおばーの下には道路だけ

／つらいはずなのに　毎日くる／それを暇だという　世間……／おじーおばーが見ているのは／若者の　しあわせなのに」

まぎれもなく、最も人権が無視され、最も戦場に近いここ沖縄で、若者とともに、いのち、平和、そして教育についてしっかり考え、行動したいと思っています。今、夜の一一時前。今夜もわたしの住む宿舎上空を、軍用ヘリが爆音とともに通過していきます。

（村末勇介）

17　戦争中、鴨池動物園で起きたこと

太平洋戦争末期、一九四三（昭和一八）年八月一六日のことです。東京上野動物園に「戦時下猛獣処分命令」が下り、ゾウやライオンなど一四種二七頭が、薬殺や餓死により次々に殺処分されていきました。戦局の悪化にともない本土空襲が現実味をおび、戦火で破壊された檻から猛獣が逃げ出す事態を未然に防ぐためでした。

銃殺音は市民を不安にするというので毒が用いられました。しかし異常を感じて毒餌を食べない動物たちもいたのです。『かわいそうなぞう』にでてくるトンキーの悲劇（九月二三日餓死）はご存じのかたも多いでしょう。

鹿児島への命令は同年一〇月五日でした。当時の鴨池動物園園長、梶原重盛氏はなんとか動物たちを救おうと市長に嘆願しましたが、「軍の命令」の壁は厚いものでした。次のような言葉ではね返されたのです。

「アメリカの飛行機はもうすぐそこに来ているんだぞ。戦争に勝てば動物はどしどし買ってやる。それに人間さまの食糧が足らない今、動物なんかに食わせる余裕などない」（江口三郎「猛獣始末記」『鹿児島新報』一九七六年一一月二一日より）

対象はライオン、トラ、ヒョウ、クマ、ワニなど一九頭。毒餌をうけつけないクマには、近くの市電鴨池電架線から高圧電流を引いて感電死させました。人日のない早朝、ひそやかに処分はすすみました。

「メス熊のどっと倒れる音に出てきたオス熊は、メス熊の前に仁王立ちとなってかばった。原田さん（獣医）たちはもう目をつぶって無茶苦茶に棒（高圧電流）をつきつけた。雄グマは目に涙をためて何かを哀願するようであった」（同上『鹿児島新報』より）

最後に一つの例外的エピソードを紹介しておきましょう。

「処分対象」には本来、マントヒヒも含まれていたのでした。しかし、当時の梶原園長は「マントヒヒは猛獣ではない」と、軍や市に必死に抵抗。マントヒヒ三頭は殺されずに生き残りました。いま平川動物園で、バーバリーシープと共存しながら闊歩《かっぽ》する五〇頭のマント

ヒヒ。現在の動物園関係者（飼育係長）によれば、この中に梶原園長の守った個体の子孫もたしかにいるということです。マントヒヒ三頭の血は今につながっているのです。

（川野恭司）

※文中の江口三郎「猛獣始末記」以外の参考文献は以下の通りです。

・川島茂裕「戦時下の鹿児島市鴨池動物園の〝電殺処分〟について」『歴史科学と教育』第11号

18　集団的自衛権って何？～高校生との対話～

一九四五年の敗戦から七〇年たちます。この間、日本は「平和国家」として、直接戦争に関わることはありませんでした。自衛隊が発足しましたが、自衛隊員は戦争で外国兵を一人も殺さずまた自衛隊員自身も一人も殺されていません。二〇一四年七月一日、安倍首相は「集団的自衛権の行使を認める」と閣議で決定しました。そこで集団的自衛権について、生徒と先生の対話の形で、考えてみたいと思います。

生徒　安倍首相が集団的自衛権の行使を閣議決定したら、賛成とか反対とか議論していますよね。集団的自衛権って何ですか。どうして多くの人が騒いでいるのですか。

先生　良いところに気がついたね。これはみんなの将来に関わる問題だ。集団的自衛権と似たことばに個別的自衛権があるが知っているか。この両者の違いが分かれば集団的自衛権も理解できるよ。でも、そもそも自衛権って何だろうか。

生徒　それはわかりますよ。自衛権は、外国が攻めてきたとき自分の国を守る権利。暴漢に襲われたら抵抗し反撃する権利。いわゆる正当防衛の権利。

先生　そうだね。暴漢に襲われたら防衛をする権利、自分を守る権利が自衛権だ。だから個別的自衛権は、自分の国が外国に攻撃されたとき、自分の国を守る権利と言うことができる。誰もが納得しやすい権利だよね。では、個別的自衛権に対して集団的自衛権って何だろうね。

生徒　集団で自分の国を守る？　自分の国を守るのだったら個別的自衛権で十分では。

先生　集団的自衛権とは、集団で自分の国を守るということだね。個別的自衛権と違うのは、自国が攻撃されていなくても仲間の国が攻撃されたらともに戦うということ。

生徒　自衛隊って戦争をするのですか。東日本大震災のとき自衛隊の救助活動が注目されましたよね。自衛隊とは災害救助隊ではないのですか。

先生　そうだね。いろいろな疑問があるだろうから簡単に整理してみよう。日本国憲法は戦後すぐにできたのだが、そこでは武力に頼らない平和を願うとして、戦力を放棄し国が戦争する権利も否定している。当時の吉田首相は自衛権の発動としての戦争も放棄すると答弁しているよ。自衛のための戦争を放棄したのは日本が世界で最初なのだ。

生徒　でも、自衛隊がありますよね。どうしてですか。憲法違反にはならないのですか。

先生　日本は軍備に頼らない平和を掲げたのだが、世界の現実はそれを許さなかった。アメリカとソ連がそれぞれ同盟国を従えて対立したのだ。その対立のなかで一九五〇年に北朝鮮が武力での統一を目指して南朝鮮（韓国）に軍隊を進めた、こうして朝鮮戦争が起きた。その時、日本を占領していたアメリカは、日本国内の治安が不安ということで、警察予備隊をつくるよう命じたのだ。これが自衛隊の始まり。日本の独立とともに保安隊に名前が変わり、一九五四年に自衛隊となる。当然、憲法違反かどうかが問題になった。

生徒　政府は自衛隊を憲法違反とは言えないですよね。どうしたのですか。

先生　政府はこんな理屈をつけたのだ。「どの国も自衛権は持っている。憲法が否定しているのは、自衛の程度を超えて相手国に攻め込むための武力だ。それが、憲法で禁止している『戦力』である。だから、自衛隊のようにわが国を守るための必要最小限度の実力組織は持てる」。このように憲法を解釈しようと考えたのだ。これを『解釈改憲』という。日本には自衛隊という軍隊はあるが、それは外国が攻めてきたときの防衛のためのものである、という考え方が政府だけでなく国民共通の理解になっていった。これを『専守防衛』という。だから集団的自衛権の行使は認めないとしてきたのだ。そのため、自衛隊が外国で武力行使や戦争をすることはなかったのだよ。

生徒　それではなぜ安倍首相はそれを変えようというのですか。

先生　安倍首相は『積極的平和主義』と言っているが、問題が起こったとき、自衛隊もアメリカ軍やイギリス軍と共同して積極的にその解決に参加したいと思っているのだね。それは経済力が落ちているアメリカの要望でもあるのだ。ところが、個別的自衛権ではそのようなことはできないので、わが国が攻撃されていなくても自衛隊が出動できるようにするために集団的自衛権を認めたのだよ。

生徒　安倍首相個人の考えですか。

先生　自衛隊を海外に派遣しようというのは、一九九〇年代以降強まった考え方なのだよ。きっかけは湾岸戦争。イラクのサダム・フセインが隣国クウェートを併合しようとして一九九〇年に軍隊を侵攻させると、これは明白な『侵略』なので世界中の国々が非難した。国連も非難決議を挙げ経済制裁を実施し、軍事制裁を行う直前までいくのだ。その時、アメリカのブッシュ大統領がしびれを切らして、イギリス・フランスなどに呼び掛けて多国籍軍を組織してイラクを攻撃した。自衛隊もこれに参加してほしいとの要請を受けたのだが、ときの海部首相は憲法九条を理由に断わった。その代わり一三五億ドルという資金を提供するだが、日本はお金で解決するのかと多国籍軍に参加した国々に不評だったのだ。国内でも、経済大国がこれでは情けないと言う人が出てきたり、アメリカでは日本も血を流せと公然と要求する人も出てきたりした。こうして、国際貢献のために自衛隊を海外に派遣したいという意見が強くなっていく。自衛隊の海外派遣の障害になっているのが憲法九条や専守防衛。議論の末、ＰＫＯ協力法でカンボジアに自衛隊を派遣したのをはじめとして、テロ対策特別措置法でインド洋に、イラク復興支援特別措置法でイラクに自衛隊を派遣することになったのだ。

生徒　でも、実際に自衛隊員が発砲して戦争にはなってないのでしょう。

先生　そうだ。そこが大事なところだ。周辺事態措置法という法律があるが、あくまでも輸送や負傷兵の治療などの『後方支援』であって、直接の戦場には行けないことになっている。しかし、今回、『戦闘地域』と『非戦闘地域』を区別しないとして、直接の戦場以外は支援をすると言っているので、『後方支援』の名目であってもそこが戦場になり戦闘に巻き込まれる恐れは格段に高くなる。その時は当然武器を使用することになり戦争になってしまう。

生徒 安倍首相はどんな理由を挙げているのですか。

先生 次の例を挙げているよ。「アメリカの軍艦に救助された日本国民を守るために米艦を護衛することができないのはおかしい」。この例では、軍艦は現実には民間人は乗せないのだけど、国民感情に訴えることで、妙に納得してしまいそうだね。また、北朝鮮や中国の無法をストップさせるための抑止力としても説明している。

生徒 北朝鮮や中国の動きに対する抑止力と言われると、何か納得してしまいます。今の日本は弱腰で自衛隊を派遣してもっと強く出るべきだと考える国民も結構います。でもそれをやれば、戦争ですよね。

先生 そうだね。世界のさまざまな問題に対して、武力で解決を図るのは問題をもっと複雑にしてしまう。イラク戦争は終結したが、そこには新しい対立と憎しみがつくられている。その典型がＩＳ国だ。武力の行使は憎しみの連鎖をつくりだしてしまう。そこから見えてくるのは、武力によらない解決の道ではないだろうか。武力による国際貢献ではなく、武力によらない国際貢献こそが求められているように思う。

生徒 でも、集団的自衛権を認めて自衛隊が海外で戦争できるようになるのでしょう。

先生　簡単にはそうならないよ。集団的自衛権を閣議で決定したが、それだけでは自衛隊は現実には行動できない。それに関連する新たな法律やこれまでの法律の改正が必要になる。それが今進められている安保法制の整備だよ。それが整備されて初めて自衛隊が行動できるようになる。しかし、それは、憲法九条の第二項「陸海空軍その他の戦力はこれを保持しない」「国の交戦権はこれを認めない」を完全にくつがえすことになる。戦争のできる国づくりに様変わりするのだよ。少し難しくなるが、今進められている政策の全体を見る必要があるよ。覚えているかい。二〇一三年に、重要なことを首相・官房長官・防衛大臣・外務大臣の四人で決められるように国家安全保障会議（日本版ＮＳＣ）を設置し、引き続いて政府の機密が漏れないように特定秘密保護法の制定があったよね。さらに、二〇一四年四月には防衛装備移転三原則で武器輸出禁止の政策を大きく転換し、七月に集団的自衛権の行使を閣議決定したのだよね。また、教育の面でも大きな変化が起こっているのだよ。領土問題では政府の考え方だけを教科書に書かせたり、道徳を教科にして政府の考える好ましい人間づくりをしようとしたりしているのだ。教育委員会制度が壊され教育長の権限が強化されたしね。今、平和国家としての国のかたちが大きく転換されようとしているのだ。大きな流れをとらえることも必要だよ。

（大平政徳）

文部省『あたらしい憲法のはなし』（1947 年）中の挿絵

第六章　性、いのち、原発

19　「いのち・からだ・性」の学びを自尊感情の礎《いしずえ》に

一．はじめに～「赤ちゃんをもらってください」

四三六。これは、二〇一五年度に沖縄県で誕生した一〇代の母親の人数です。県内全出生数の二・六％を占め、その割合は全国比約二倍に相当します（沖縄県ＨＰ「平成二七年人口動態統計（確定数）の概況」より）。助産師の立場から、長年沖縄での性教育実践・研究に携わってきた笹良秀美さんは、一七歳の未婚の母親から「赤ちゃんをもらってください。わたしは産みたくて産んだわけじゃない」と告げられたことを紹介し、「改めて、性の学びの必要性を痛感させられた」と述べています。

若年出産に典型的に表れる「性」の現実は、すぐに経済的貧困と結び付き、負の連鎖を作り出します。経済的貧困は、性風俗産業をも含めた「性」の世界へのハードルを低くし、結果として、若年妊娠・出産、性感染症の拡大、性的虐待等々の問題を生じさせ、さらなる貧困を導くのです。この鎖を断ち切ることは、もはや教育の力だけでは不可能だということは明らかです。しかし、「性教育」が、生きるために必要不可欠な知識獲得のための「準備教育」となることは、改めて確認しておくべき事実でもあるのです。

ところで、わたしは、笹良さんが聞いたこの声を、一七歳の母親、すなわち女性の叫び声としてのみ聞き取ってはならないと思っています。男女の性行為の結果としての妊娠・出産、それに連なる「貧困」の現実が、女性にのみ背負わされないためには、父親である男性の側の叫び声をしっかりと聞き取ること、あるいは、責任ある叫び声を挙げさせることが必要でしょう。そのことによって初めて、「性教育」が、性別に関係なく、すべての子どもたちにしっかりと保障されているのかどうか、その内容と方法の質や妥当性が問題になるのであり、さらに、その延長線上において初めて、「叫び声」をあげなければならない人の存在がなくなる可能性が生まれるのだろうと思うのです。

二．男子の性教育の必要性

さて、日本の性教育研究を理論的・実践的にリードしてきた村瀬幸浩さんは、「射精」に関して一五％の男子が「汚《けが》らわしい」、二〇％が「恥ずかしい」と回答した調査結果を踏まえ、「男子の性」が、放置され続けてきた現実を指摘しています。「それが現実の性意識・性関係にいかに災いをもたらしてきたか」と（『男子の性教育』大修館、二〇一四年）。

次の文は、わたしが大学において担当する「特別活動の研究」において行った性教育授業での男子学生の感想文です。ここからは、さらに「男子の性」にとどまらず、男子そのものが性教育から放置されてきた現実が浮かんできます。

○体の構造については、中学・高校の保健の授業等で聞いていましたが、生理についてはほとんど触れる機会がありませんでした。生理とは何なのか、出血することや痛みを伴うことなどを、全然知りません。知らないまま結婚してしまうと、いろいろと問題があると思うので、今日で知ることができて良かったと思いました。学校でももっと伝えるべきではないだろうか。

○余談になるが、小学生のころ、女子だけが体育館に呼ばれていたのが気になって、後でクラスの女子に聞いたら、せいりについて教えてもらったと聞いた。自分は生理ではなく、整理だと思い、女子はこんなに早くから花嫁修業するんだなと思い、女子に「整理はしっかりするんだぞ」と言ったら、「きも！」って冷たく言われたのが、今でも印象に残っている。

村瀬さんの問題提起と学生の感想文から示される事実を、笹良さんが指摘する沖縄の現実とつないで引きとるならば、「命《ぬち》どぅ宝」の文化を、改めて「性教育」の視点から見つめ直し、その上で実践化していくことが課題とされるべきではないでしょうか。そして、このことは、鹿児島をも含めた全国での緊急課題だと思います。

三．A中学校（三年生男子七〇名）における授業づくり

（1）特別授業（飛び込み授業）の位置づけ

わたしは、小学校教員時代から、他の学校現場に飛び込んでの「いのち」や「性」の教育にとりくんで来ました。沖縄に赴任した二〇一六年度は、二つの中学校での授業を行いましたが、どちらの学校にも、卒業後の生徒の性を巡り、深刻な問題を抱えて苦悩する教師たちの現実がありました。もちろん、鹿児島にもある現実ですが。

性教育は、基本的に、子どもたちとの日常的な関わりの時間と場を持ち、その実態を直接的に把握できる学校の教師自らが行うべきであると、わたしは認識しています。けれども、昨今の教育現場の超多忙な状況を踏まえるならば、できるだけ現場の授業要求に応えることも、現実的な対応だろうと考えるようになりました。そこで、要請された学校の授業実践や

日常のとりくみにつながるような「提案の場」と位置づけ、授業を実施することにしています。また、子どもたちに向けては、真面目で真剣な「性の学習」への水先案内人的役割をも果たせたらよいかな……と。

（２）特別授業担当者との事前打ち合わせ

したがって、飛び込み授業に関する事前打ち合わせは重要です。学校の実情に合わせた形でできるだけていねいに行いたいと考えています。授業を実施した二つの中学校では、共に、「男女それぞれの二次性徴に関する内容は、お互いに存在を意識し過ぎてしまう」「異性がいたら、質問もしにくい」といった思春期の心理状況に配慮したいという理由から、男女別での授業が計画されていました。

そこで、A中学校の事前打ち合わせでは、思春期を生きる三年生男子の性の認識、性への態度、交友関係、全体的な自尊感情の傾向、学習への姿勢等々について、電話とメールでのやりとりを行い把握しました。その上で、主たる学習のねらい、学習内容、展開方法（機材等を含む）の構想を伝え、それに対する修正意見等を引きとりながら、実際の授業を組み立てていきました。

この過程において、特筆しておかねばならないことは、両校の授業においては、卒業生も含めた生徒の性行動の問題に直面し苦慮していることから、教育現場ではタブー視されたり、敬遠されたりしがちな「性交」についても「しっかりと内容として扱って欲しい」という要望があったことです。「妊娠」や「性感染症」といった、まさに生徒が今後直面するであろう内容、そして本授業で取り扱う「射精」について、「性交」を抜きに伝えることは不可能、もしくは不十分であり、この要望自体は当たり前のものです。しかし、性教育へのとりくみが大きく停滞している状況の中で、形式的な性教育にとどまらず、子どもたちの生と性に真剣に向き合おうという学校、教師の思いや真剣さ、さらに、責任を引きとる姿勢が、性教育の内容に反映していくという典型例として確認しておく必要があると思います。

(3) 特別授業の全体像

①日時　二〇一六年九月七日（水）五校時

②対象　U市立A中学校三年生四クラス・男子七〇名

③授業名　今、ここに生きるいのち～未来のために「自分」をみつめる第一歩～

④主なねらい

ア．ライフサイクルの中の「思春期」の位置とその意味、自分の心身に起こる成長・変化について知り、自分の「性」を肯定的に受け止めることができる。

イ．自分の「生」を、他者との関係性の中で捉え、それを自ら豊かなものにつくり上げていくための具体的な方法について知る。

⑤**主な学習内容と展開**

ア．**思春期とは……**時間軸に基づいた思春期の位置／思春期自己チェック／「思春期」とはもともと人間の性に関する成長と結び付いた概念／思春期は第二の誕生の時、産みの苦しみの時／最大の悩みは「性」に関する悩み

イ．**男子の性に関する○×クイズ**

ウ．**思春期男子の「性」を知ろう……**男子の体の成長・変化と男性ホルモンの働き／女子の体の成長・変化と女性ホルモンの働き／男性器の仕組み（外側・内側）／精子（大きさ・数・作られ方・発見の歴史）／射精／精液のつくりと経路（尿道）／射精時の快感と生殖戦略／性器の形の多様性と包茎のタイプ（日本人の七割は仮性包茎・手術の必要性）

エ．**未来を幸せに生きていくために……**他者との関係性の中で生きる／ライフステージとホルモンバランス、親子関係／妊娠の可能性のあるカップルの関係／性感染症と自己チェック（トイレ・風呂・情報）／性交をする資格／ＬＧＢＴＱ〜性の多様性

（4）「射精」に関する四つの内容について

ここで、本授業において意識的に位置づけた内容の一つである「射精」に関する具体的内容について説明します。本稿の初めに書いたように、村瀬さんは、男子の「射精」に関する

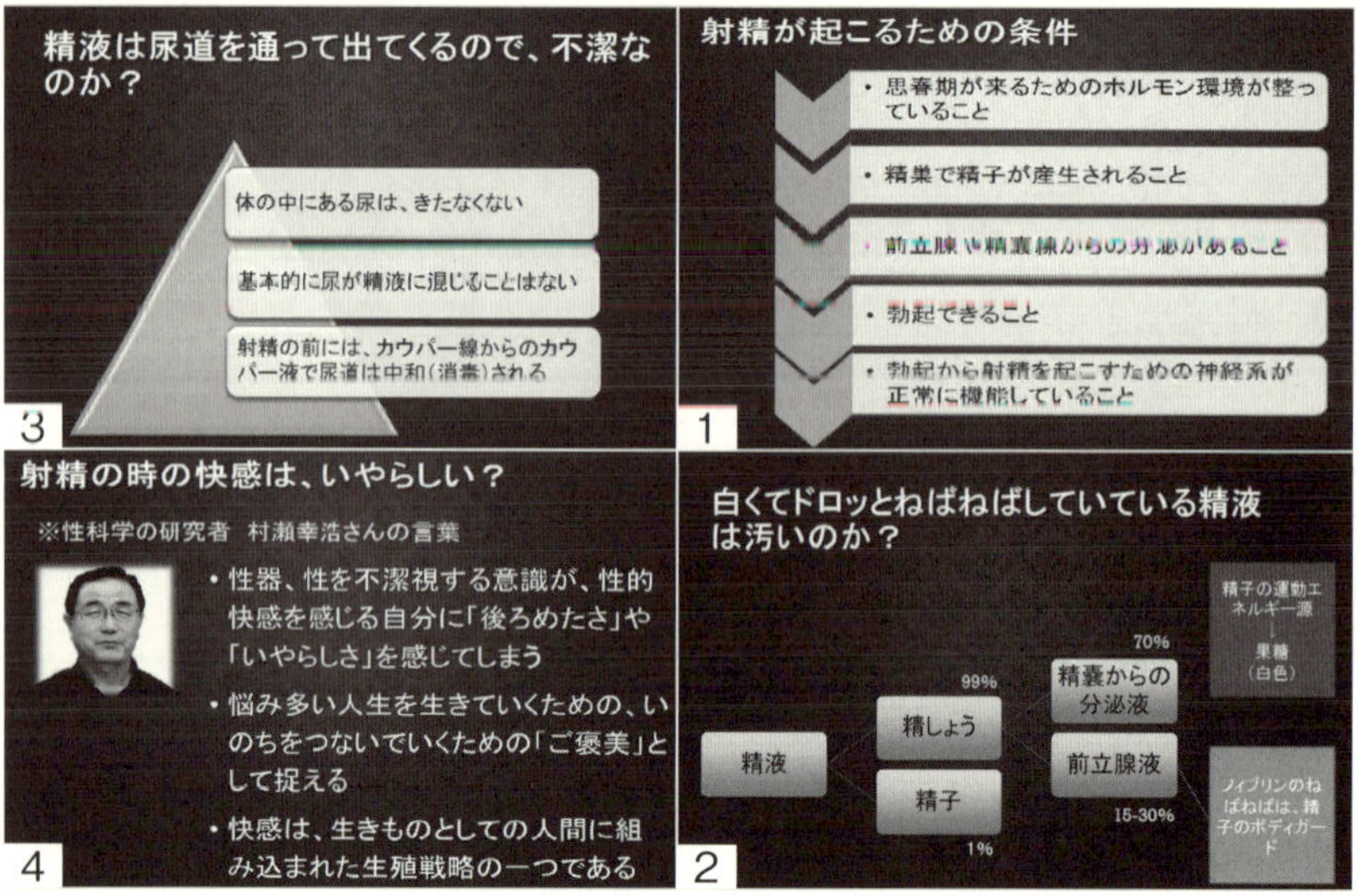

否定的態度の割合の高さを問題としながら、その理由として考えられる、①精液の色と形状、②汚いというイメージ、③快感、について学習内容として位置づける必要性を示しながら、それに対応する内容について医学的・生物学的知見を元に解説しています（前掲書）。

わたしは、これを踏まえて、スライドを準備した上で、まず、①「射精」そのものが、人間の体の発達と正常な働きにより成立することを確認しました（スライド1）。そして、②精液のなりたちとそれぞれの成分の役割と特徴（スライド2）、③精液の通り道としての尿道が消毒されるメカニズム（スライド3）、④生殖戦略としての「快感」（スライド4）という科学的な視点から説明を行いました。男子の持つ「射精」への否定的態度は、科学的な知識の獲得と、その知識を仲間と共有することによって身につく力により乗り越えられると考えたからです。

（5）生徒の感想

五〇分弱という時間の中で、四九枚のスライドを使った早口での授業ではありましたが、「授業の分かりやすさ」については、「とてもそう思う」「そう思う」を合わせ一〇〇%、そして、九七%の生徒が「これからに役立てようと思う」と答えています。また、授業の感想文でも、ほぼ全ての生徒が次のように内容を肯定的に受け止めてくれ、本授業のねらいは、ほぼ達成できたのではないかと考えています。

○性や生について簡単に考えていたところがあったので、今日の授業を受けて、とてもよかったです。自分の体について、もっとよく知れたし、異性の性の状態や他の人の体の状態は、必ず差や違いが出てくるので、それをよく知る必要があります。一番は、相手のことを考えて行動することが大切だと思いました。

○今回の講演会で、思春期の性について真剣に考えることができ、とてもためになる事を学びました。思春期は、性について考えたり、悩んだりすることが多く、苦しい時期ですが、それに対して、目を背けずに、しっかり向き合うことで、乗り切れることが分かりました。

四．おわりに

思春期における性教育の真の目的は、いやらしさや恥ずかしさの壁を乗り越えて、子どもたちの生きる苦悩の時代に切り込んで、「今」と「未来」を照らし出すことにあると思っています。

そのためには、笹良さんが聞き取った少女の叫び声を、自分たちの目の前にいる子どもたちの現実の姿の中から引き取る作業をていねいに行っていく必要があるでしょう。その作業を通すことにより、子どもたちに獲得させるべき性教育の内容、そして、「放置された」男子の性教育の内容も見えてくるはずです。

ここに紹介したわずか一時間の「特別授業」でさえも、子どもたちにとっては、自らの「性と生」を見つめる大切な学びの場となりました。彼らは、「性」をしっかりと見つめ、学ぶ力を持って、そこに存在しているのです。

（村末勇介）

20　「新聞は本当のことを書いて」～「安全」報道を検証する授業実践～

はじめに

国語でもグラフや図表の読解力が求められるようになってきています。

メディアリテラシー（メディアの伝える情報を批判的に読解・判断・活用する能力）育成のためのＮＩＥ活動（教育に新聞を）の一環として、元データや他の情報ともつき合わせながら新聞記事を検証する調べ学習を行いました。以下、その一部を報告します。

高圧洗浄で果物は安全？

二〇一四年の地元紙（共同通信配信）に『風評払しょく地道に』（二月一九日）、『農産物の放射性物質抑制』（三月一二日）という見出しで、原発事故の放射線被害は案ずるには及ばないという趣旨の記事が大きく掲載されました。その中では「放射性物質を低減する対策をとっているので、農産物は安全である」という農水省専門家の話が紹介されています。しかし「安全」と言いながら数値は一切示されていません。

三月一二日付の新聞では「果実は高圧洗浄機で表皮をはぐなどの対策が功を奏し、二〇一三年度は新基準値（一キログラムあたり一〇〇ベクレル）を超えた作物は見つかっていない」と述べられています。

そこで、高校三年生と「元データ（基礎資料）」に当たりながらこれを検証する調べ学習を行いました。いくつかの果物について福島農業総合センター果樹研究所の実証実験のデータを調べてみました。生徒たちは驚きます。葉のセシウムはある程度減っていますが果実の方はほとんど減っていないことが読み取れるからです。

「洗浄してもあまり変化がない。いたちごっこのようだ」

「高圧洗浄機で表皮をはいでも、中身はセシウムを吸い上げるのではないか」

「この人（記事中の専門家）は、この事実を知っているんだろうか？」

「知っているはず。でも、農家の人は信じ込んでいるんだろう」

「（セシウムが）減ってもいないのに、どうして減ったと書けるのかな」

こんな対話を交わしながら作業の様子の写真を見ると、農家の方の被曝労働が心配になってきます。

カリウム肥料で放射性物質減少？

また、新聞中に「カリウム肥料を施すことによって放射性物質の値は小さくなっている」

と紹介されていますが、市民放射能測定所サイト（インターネット）でたしかめると、様々な放射性物質のうちの「放射性セシウムしか測っていない」結果だということがわかります。ストロンチウムその他はどうなっているのでしょう。それに、減ってはいるもののセシウムはたしかに検出されており、ベクレル二桁のものもありました。福島県の米の全袋検査のデータでは、基準値（一〇〇ベクレル）に近い数値も出ています。生徒たちは、化学肥料のカリウムをまくことの弊害はないのか、住民に病気は増えていないのか等にも疑問をふくらませ、様々の公的な資料を調べていきました。そのなかで、

〔食品の基準値となった一キログラムあたり一〇〇ベクレルは、原子炉等規制法では原子力発電所の廃棄物を再利用できる基準である。国際放射線防護委員会（ＩＣＲＰ）によれば、セシウム１３７を一日あたり一〇ベクレル慢性摂取した（一日一〇ベクレル摂り続けた）場合の体内残留量は六〇〇日で一四〇〇ベクレルを超え、一日あたり一ベクレル慢性摂取した場合では体内残留量は六〇〇日で二〇〇ベクレル近くになってしまう〕

……というような恐るべき事実にも目を開いていきます。

メガベクレル単位

一方、原子力規制委員会のデータによると、現在も関東にまで大量の放射性物質が降って

いることがわかりますが、単位はメガベクレル（一メガベクレル＝一〇〇万ベクレル、一ベクレル＝〇・〇〇〇〇〇一メガベクレル）表記です。これについて、

「単位が大きく設定されると、見かけの数値自体はゼロに限りなく近く感じられる。けれどもゼロそのものではないわけで、実はかなりの放射性物質が含まれるのでは？」

……といった声が生徒たちから聞こえてきました。ベクレルやシーベルトと聞いても、よくわからないと言っていたのに、鋭い気づきです。

おわりに

生徒たちは元データに当たり、また他のさまざまの資料を調べ、対話しながら事実を追求していきました。そして、新聞記事中に「安全」とされていてもその根拠に信頼できないものが多くあることに気づき、驚きます。

生徒のレポートは、「新聞は本当のことを書いて欲しい」で結ばれています。

（梅田美和子）

第七章　出会い、つながり、想い

21　鏡をにらみつける

一三年前、私は念願の小学校教師となり、三年生の担任をまかされました。数週間前まで学生だった私が、急に「先生」と呼ばれるようになりました。そして、「五代先生は怖くないよね。だって、怒らないし。隣のI先生は怖いよね」……数カ月が過ぎ、子どもたちから聞こえてきた言葉です。私の一年目最大の悩みは、「どう叱ればよいのかが分からない」ということでした。子どもたちが何をした時、何を言った時に厳しく注意するのかの基準がありません。だからでしょうか。クラスがざわつきおさまらないことがよくあったのです。そんな私に、隣のクラス担のI先生（学年主任）が多くのことを教えてくれました。I先生は、一つひとつの言葉や子どもとの接し方が堂々としていました。「ダメなものはダメ」「良いときはよくほめる」そんな先生でした。私をいつも気にかけてくれ、授業のことや子どもたちとのことなど相談にのってくれました。そんなI先生から、ある時言われたこと。

「五代先生、あのね。命に関わることや人権に関わることで、相手を馬鹿にするような態度が子どもたちの中に出てきたら、授業中だろうが休み時間だろうが作業を全部ストップさせて、叱らないといけない。ふだん通りの話し方じゃなくて、『先生は絶対にそのようなことを許さないぞ』と表情や口調からもビリビリ伝えるようにしなきゃいけない。優しいのはいいけれど、優しいだけじゃ足りないんだよ」

「表情からも伝える」という言葉が心に残りました。私は家で一人鏡に向かい、「叱る顔」の練習を始めました。恥ずかしさもありましたが、私には練習が必要でした。眉間にしわを寄せ、大きく口を開け……実際の場面を想像しながら鏡をにらんでくり返しくり返し……。

それから一二年後の二学期。「子どもたちから先生への通知表」の中に、「悪いことをしたら誰でもきちんと怒るし、いいことをしたらほめてくれる先生」とありました。初任時代の子どもたちとI先生の言葉を胸に、優しさや温かさの中にも厳しさのある先生を今日も目指します。

（五代孝輔）

22　三年三組物語、はじまり、はじまり！

四月。また新しい季節がやってきました。校庭に咲く桜もまるで私たちの出逢いを温かく迎えてくれているかのようです。

私にとって一三度目の新しい出逢い。

今年度は、子どもたちや保護者の皆さんとのどんな出逢いが待っているのだろう。そして、どんな一年間をともに創っていけるのだろう。さまざまに思いをこらします。

「学級開きはどのようにしようか」「自己紹介をインパクトあるものにしたい」「学級通信第一号にはメッセージ性のあるものを書きたい」「学級通信のタイトルを『レインボー』にするか『いのち輝かせて生きる』にするか」などなど、ワクワクが止まりません。

しかし、学校中の子どもたちには期待と不安が入り混じって……「何組かなあ?」「友だちは同じクラスかな?」「先生は誰先生かな?」

私の心の中も、「どんな子どもたちかなあ?」「元気かな?」……期待と不安と緊張で、ドキドキが止まりません。

いよいよ学級開き。自己紹介用のパタパタカードを作り、前日は何度も練習しました。

「ごだいこうすけです。よろしくね」

パタパタとカードがめくられました。子どもたちも目を輝かせて見てくれました。まずまずの好感触。次に、一年間のスタートの合図でもあるくす玉の儀式に移ります。四月の誕生日の子に代表で前に来てもらい、「せーの！」の合図でくす玉を開きました。

「おお！　すごい！　きれい！」

教室に子どもたちの笑顔と歓声が広がります。私は心の中でガッツポーズ！　子どもたちの驚いた表情や笑顔、歓声……この反応が大好きです。アスカさんとシンジ君は、この日の感想を次のように書きました。

《いよいよ三年三組がスタートしました。はじめはドキドキしたけど、くす玉をしたり、先生の話を聞いたりしていると、なんだかとっても楽しそうな三年生になりそうだなと思いました。帰ったらお母さんに今日のことを話したいです。アスカ》
《担任の先生は五代先生で、こわいけどやさしいような先生でした。びっくりしたのは、くすだまの中から『三年三組物語、はじまり、はじまり』と書いた紙が出てきました。そして、その横にはきれいな川がずっと流れていました。よし、がんばるぞと思いました。シンジ》

子どもたちとの出逢いの瞬間は、私にとって忘れられない瞬間になりそうです。三年三組の皆さん、そして保護者の皆さん、どうぞよろしくお願いします。

（五代孝輔）

23　給食ぶちまけ事件

入学式翌日、中学一年最初の給食時に事件は起きました。

「先生、座席は好きなもの同士で食べちゃダメ？」。小学校時代以来の同級生A君が担任のS先生に問いかけました。

「クラスには、出身小学校によって友だちがたくさん入ってきている人もいれば、一人きりの人もいます。そんな人がぽつんとならないよう、いま座っているグループで食べましょうね」と先生。

途端にA君は、「えーい」と机を前倒しに蹴っ飛ばしたのです。ご飯も味噌汁も何もかも床にぶちまけて……。一瞬静まり返った教室は、やがて騒然となりました。

するとBさんがニヤッと笑い、囃《はや》し立てるように両手で机を叩《たた》き始めました。バン、バン、バン……。机叩きは呼応してリズムにのり、皆に広がっていきます。やがて隣のクラスからも……。私もつられて思わず両手を浮かしたその時、

「なにーッ！　あなたーッ！」……S先生のすさまじい声に、私は凍りつきました。しかし、視線の先は私ではなかった。A君でもありません。先生の燃えるような目はBさんに刺さっています。ぴたりと机叩きは止まりました。

「これが、あなたには面白いの？　こんなことしたA君のことをあなたは楽しんでいるの。A君なんかどうなったっていいの？」

先生はゆっくり皆を見回しました。誰も顔をあげることができません。

やがて先生は静かにA君の机に近づきました。A君は立ちすくんでいます。スッと腰をかがめた先生は、ぶちまけられた給食の後始末を黙々と始めました。私たちは我に返ってテキパキ動き、みるみる食器も床もきれいになりました。

次に先生は、自分の給食をとってA君の机に並べました。そしてA君の空っぽの食器を教卓に持ち帰ると、にっこり笑ってこう言われたのです。

「私の分がなくなったわ。皆少しずつ分けてくれない？」

先生の食器はどれも、皆の持ちよったものでこぼれそうでした。

※S先生とは大口（現伊佐市）出身の中学校教諭、坂元喜久子先生（故人）のことです。退職後の先生と

筆者は、鹿児島大学で教職概論講義をともに八年間担当しました。そのなかで幾度となくお聞きした先生の実践を、当時の一生徒の目から再現したものです。

（川野恭司）

24　小児科医・看護師との出会い

子どもの育ちに関わる専門家は、学校教員だけではありません。ここで取り上げる小児医療の現場では、子どもの心身の状態を注意深く観察して、治療とケアが行われています。子どもは病気をして育ちます。病気という危機をくぐり抜けて、抵抗力や免疫力を得ていくわけですが、「どのように病気と出会うか」はその後の育ちの豊かさに関わってきます。もちろん、病気が想定外の不可解なものであれば、恐れ耐える日々が続きます。しかし、親の不安は、罪悪感や劣等感となって子どもに伝染する場合があるので、注意が必要です。

小児科病棟の子どもたちは、意外にも元気に見えます。身体がしんどい時は別ですが、ベッドで安静を指示されていても、なかなか落ち着いて一所に留まっているわけではありません。ナースコールを鳴らして看護師さんにいろいろとちょっかいを出したり、大部屋の夜はお泊まり会さながらの盛り上がりがあります。つまり、治療に専念するということが大人のようにはいかないのです。

また、子どもは病気にかかっても、成長の勢いを弱めるわけではありません。背も伸びれば、知的関心も高くなっていきます。つまり病院にいる子どもにも学びの場が必要なのです。病気について、子ども自身の理解を促すインフォームド・アセントも大切だといわれています。小児看護では、子どもが痛みや不安をどのように感じているのかを知るツールの開発が進んでいるようです。つまり、小児医療の目指すところは、治療の先の「子どもの最善の利益」の実現なのです。

それにしても、小児科の医師や看護師は、〇歳から二〇歳までの幅広い年齢層の子どもを相手に仕事をします。また、何年も通院する子どもの場合は、つきあう期間も教師のそれをはるかに超えることになります。こう考えれば、子どもや親にとって医師や看護師との出会いもまたかけがえのないものであるといえるでしょう。


（前田晶子）

25 「つながり」の中のそれぞれの想い

「つながり」は万能薬ではありません。東日本大震災の時、「絆」が合い言葉となりましたが、それがスローガンとなってしまうと、違和感を覚えるのも事実です。

ここに、一人の中学生の作文を紹介したいと思います。この生徒は、震災でお母さんを失ってしまいました。震災後に行われた学校の運動会では、亡くなった方々への思いを込めて、またこれからの希望に向けて、皆で紙ひこうきを飛ばすとりくみが行われました。そのときのこの生徒の作文には次のように綴られています。「みんな同じ紙で作ったひこうきですが、人それぞれ違う想いを込め、違う折り方の人もいました」

翌年、閉校が決まったこの学校で行われた最後の運動会では、今度は一斉に風船を飛ばすという形でフィナーレが飾られました。当の生徒は、再び次のように綴っています。「私が想っていたことは、自分が持っている風船を飛ばしたくないということです。この風船を飛ばしたら終わってしまう気がしました。……［なぜなら］風船の一つ一つにみんなの様々な想いが込められていたからだと思います」

彼女は、思春期の最中に母親を失いました。自立し、大人となって新しい親子関係を築くことが叶《かな》わなくなってしまった、その悲しみは計り知れません。彼女は、「それぞれの想いがある」とくり返し述べています。つながりの中にもかけがえのない一人ひとりの想いがある——この弁証法こそが現代を生きる私たちには必要ではないかと思います。

（前田晶子）

＊制野俊弘「被災地の子どもに向き合う体育実践」『体育科教育』（二〇一二～一三年）に連載。

第八章　私たちの願い（人生の諸段階）

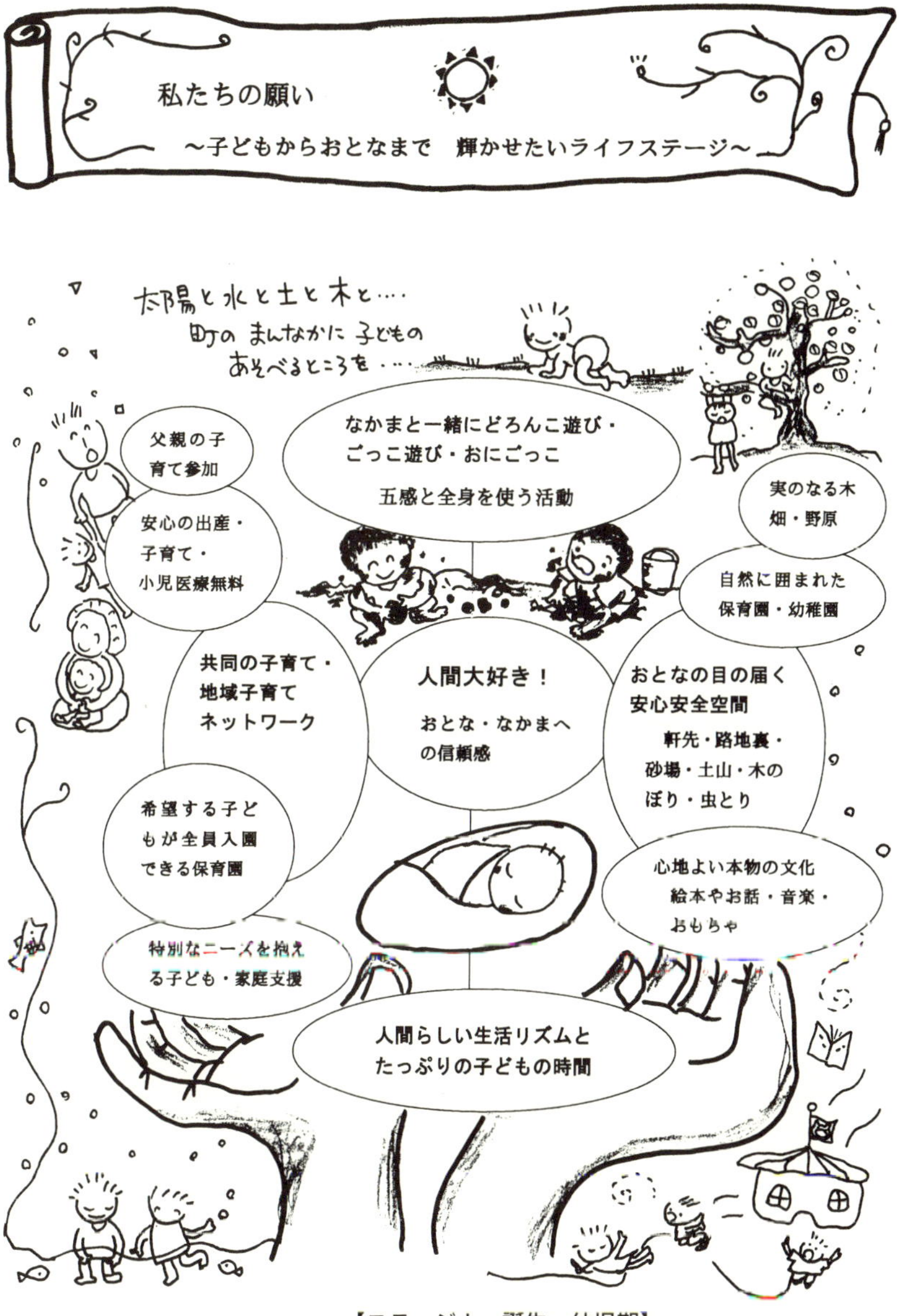

【ステージⅠ　誕生〜幼児期】

子どもの世界
心がおどり 躍動する体
夢中に生きる日々
器用な手足…。
群れ遊ぶ仲間
仲間と共に創る文化
わかる楽しい授業
知的好奇心・感
性を育む教師
川や海・野山
広い公園・グラウンド・
はらっぱ
見守り励まし
ときに立ちはだ
かる親・おとな
たち
自分大好き！
わくわく冒険
自然豊かな地域の
中の学校と子ども
のための施設
緑に囲まれた校舎
木の香ただよう教室
土のある校庭
地域の子ども活動
のサポーター
地域の文化伝承者
やりたいことができる時間
挑戦・達成と失敗・発見
利用しやすい児
童館・子どもセ
ンター・図書館
・包丁やナイフを
使える
・火をおこせる
・ナワを使える
THEATER
KAGOSHIMA
CHILDPARK

【ステージⅡ　少年少女期】

郵 便 は が き

料金受取人払郵便

鹿児島東局
承認
853

差出有効期間
2021年7月
31日まで
切手を貼らずに
お出し下さい

892-8790

168

鹿児島市下田町二九二―一

図書出版
南方新社 行

ふりがな 氏　名		年齢　　歳 男　女
住　所	郵便番号	
Eメール		
職業又は学校名		電話(自宅・職場) (　　)
購入書店名 (所在地)		購入日　　月　　日

書名　（　　　　　　　　　　　　　　　　　　　　）愛読者カード

本書についてのご感想をおきかせください。また，今後の企画についてのご意見もおきかせください。

本書購入の動機（○で囲んでください）

A　新聞・雑誌で　（　紙・誌名　　　　　　　　　　　　　）
B　書店で　C　人にすすめられて　D　ダイレクトメールで
E　その他　（　　　　　　　　　　　　　　　　　　　　）

購読されている新聞，雑誌名

新聞　（　　　　　　　　　）　雑誌　（　　　　　　　　　）

直接購読申込欄

本状でご注文くださいますと、郵便振替用紙と注文書籍をお送りします。内容確認の後、代金を振り込んでください。（送料は無料）

書名		冊
書名		冊
書名		冊
書名		冊

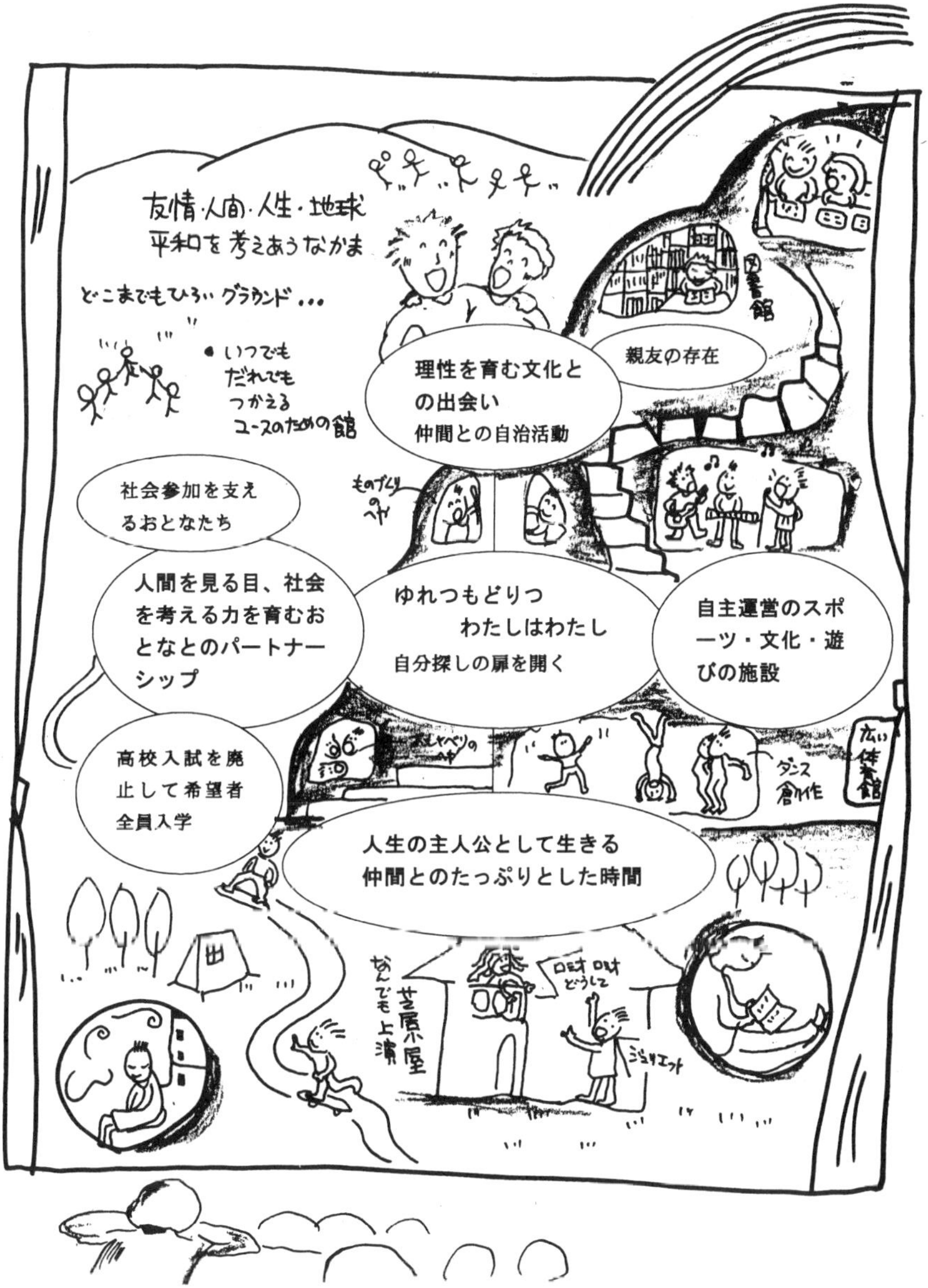
友情・人間・人生・地球
平和を考えあうなかま
どこまでもひろいグラウンド・・・
・いつでも
だれでも
つかえる
ユースのための館
理性を育む文化との出会い
仲間との自治活動
親友の存在
図書館
ものづくりのへや
社会参加を支えるおとなたち
人間を見る目、社会を考える力を育むおとなとのパートナーシップ
ゆれつもどりつ
わたしはわたし
自分探しの扉を開く
自主運営のスポーツ・文化・遊びの施設
高校入試を廃止して希望者全員入学
おしゃべりのへや
ダンス創作
広い体育館
人生の主人公として生きる
仲間とのたっぷりとした時間
なんでも上演
芝居小屋
ロミオ ロミオ どうして
ジュリエット

【ステージIII　思春期】

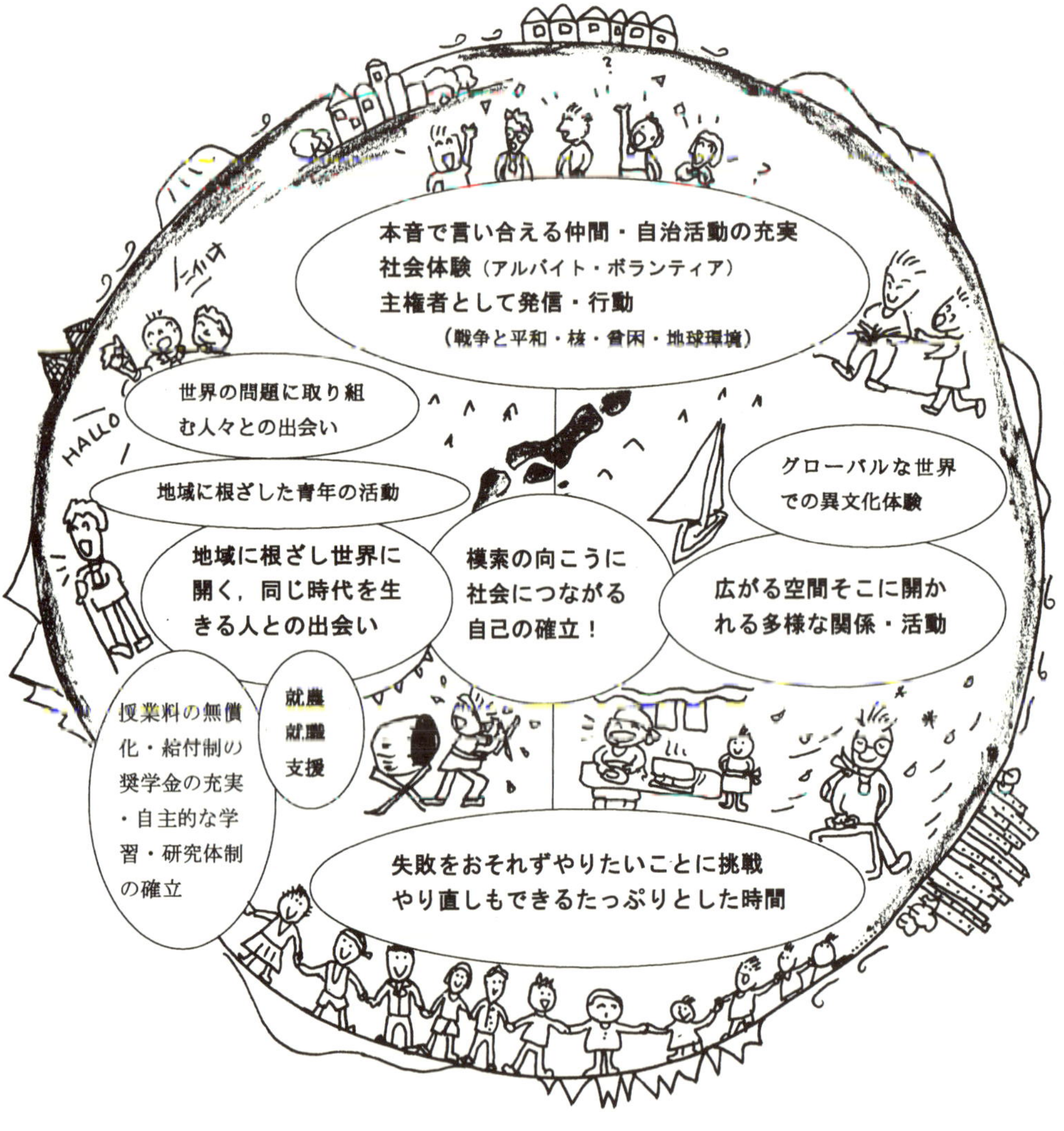
本音で言い合える仲間・自治活動の充実
社会体験（アルバイト・ボランティア）
主権者として発信・行動
（戦争と平和・核・貧困・地球環境）
世界の問題に取り組む人々との出会い
HALLO
地域に根ざした青年の活動
地域に根ざし世界に開く，同じ時代を生きる人との出会い
模索の向こうに社会につながる自己の確立！
グローバルな世界での異文化体験
広がる空間そこに開かれる多様な関係・活動
授業料の無償化・給付制の奨学金の充実・自主的な学習・研究体制の確立
就農
就職
支援
失敗をおそれずやりたいことに挑戦
やり直しもできるたっぷりとした時間

【ステージⅣ　青年期】

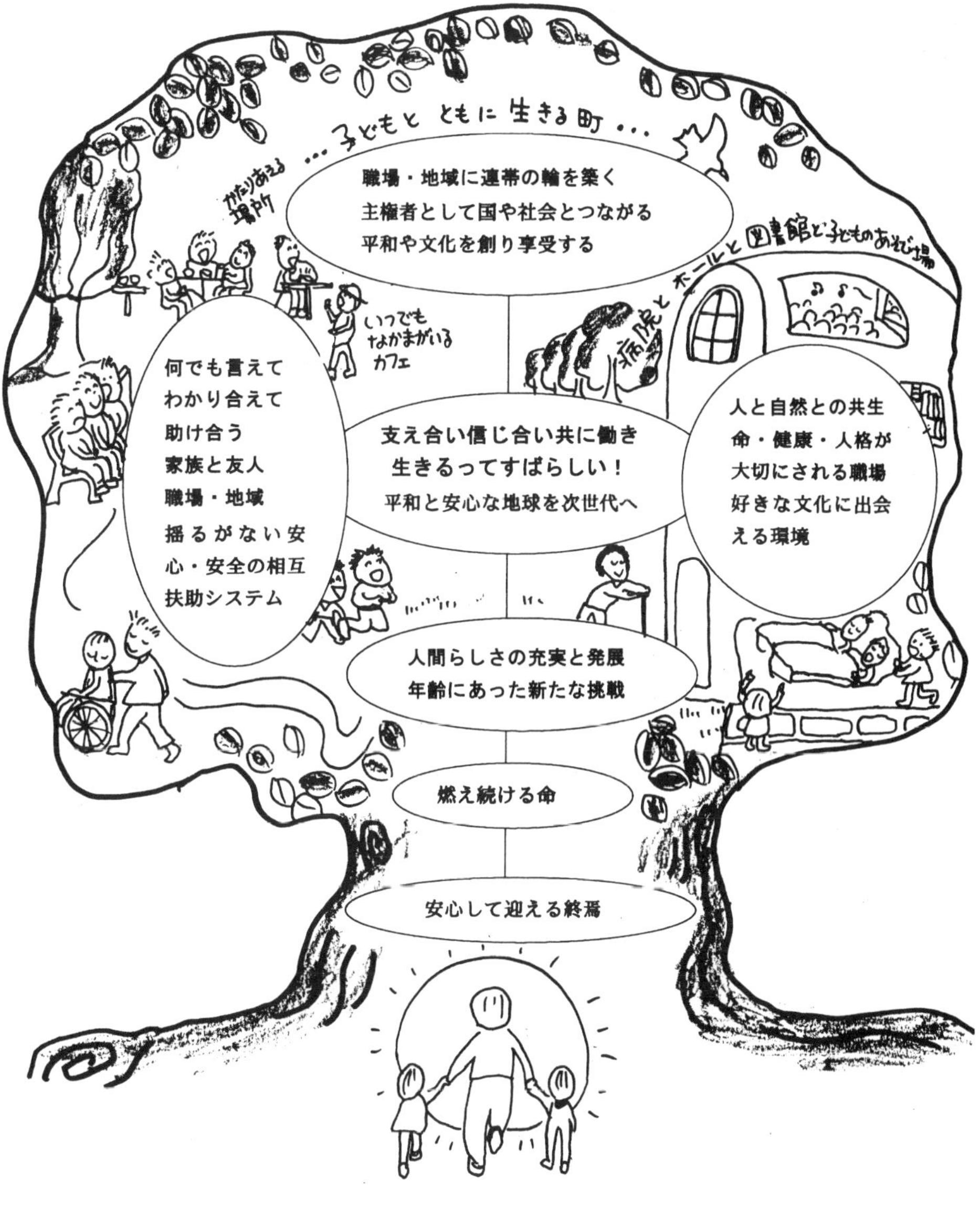
…子どもと ともに生きる町…
かたりあえる場所
職場・地域に連帯の輪を築く
主権者として国や社会とつながる
平和や文化を創り享受する
病院とホールと図書館と子どものあそび場
いつでもなかまがいるカフェ
何でも言えて
わかり合えて
助け合う
家族と友人
職場・地域
揺るがない安
心・安全の相互
扶助システム
支え合い信じ合い共に働き
生きるってすばらしい！
平和と安心な地球を次世代へ
人と自然との共生
命・健康・人格が
大切にされる職場
好きな文化に出会
える環境
人間らしさの充実と発展
年齢にあった新たな挑戦
燃え続ける命
安心して迎える終焉

【ステージV　成人期～死】

あとがき

『新・子どもの願いを真ん中に―鹿児島からの発信―』ができあがりました。

第一～七章におさめられた各稿は前作にひき続き、様々な角度から今日の子どもをとり巻く困難な状況を浮き彫りにしています。同時に、その告発だけにとどまらず、「子どもの願いを真ん中に」すえて一歩でも状況を自ら切り拓こうとするものです。

全体を貫くキーワードは「かかわりあい」「つながり」です。

親と子は、教師（大人）と子どもは、子ども相互は、どうかかわりつながっていくのか？　そしてまた自然、地域、社会現実とのかかわりは？　何よりもまず相手（対象・状況）を、他人事でなく、自らどう深く受けとめていくのか？　これが各稿に共通する問題意識と言えるでしょう。

第八章のライフステージ（人生の諸段階）は、『新版かごしま子ども白書』（鹿児島子ども研究センターと鹿児島県子ども劇場協議会との共同出版、南方新社　二〇〇九年）から転載しました。序文では次のように述べています。

「親も教師も、今を生きるどの人も、たとえ口に出さなくても、こころの深いところで『子どもをゆったり育てたい』『人間らしく生きたい・暮らしたい』というあたりまえの願いをもっているはずです。……子どもを大切にする国は、人間すべてを大切にする国になるはずです。その思いを込めて、……乳幼児から成人、そして高齢期までのそれぞれのライフステージ（人生の諸段階）をどう輝かせたいか、イラストも添えて提案しました」

一〇年たった現在、このような展望をもち、一歩でもそれに近づきたいという願いは、私たちの中でいっそう切実性をましていると考え、再録しました。

（編集委員代表　川野恭司）

初出一覧

第一章　自然とのつながり
1　一本の竹の子から……『医療生協だより』（以下、『医療』）二〇一九年四月〜六月
2　子どもたちに農業体験を……『医療』二〇〇九年一〇月〜一二月
3　高校生と農業……『医療』二〇一四年一二月
第二章　子どもの育ちと私たち
4　なんでも〝イヤ！〟は子どもの独立宣言〜一歳半から二歳〜……『医療』二〇一九年二月
5　子どもの心によりそう―「いいこって、どんなこ?」……『医療』二〇一九年三月
6　「熊本地震」で見せてくれた保育園の底力……『医療』二〇一六年六月
7　子どもの声は騒音ですか?……『医療』二〇一六年七月
8　おてんば母さん、悪ガキ父さん……『医療』二〇一三年一月
9　ささいなことにも喜びを……『医療』二〇一三年二月
10　子どもはなぜ、いじめの事実を親に語らないのか……『医療』二〇一二年一二月
第三章　「子どもの貧困」に直面して
11　保健室からみえる「子どもの貧困」……『医療』二〇一七年五月
12　おじいちゃんと暮らす一歳半のA君……『かごしまの子ども』第三四号（二〇一七年）
第四章　子ども食堂

13 「森の玉里子ども食堂」……『かごしまの子ども』第二四号（二〇一七年）

14 子どものための「居場所」～湯浅誠さんの講演より～……『医療』二〇一七年一一月～一二月

第五章 平和を身近に

15 一〇〇人の笑顔を集めよう……『医療』二〇一三年三月～五月

16 沖縄の若者たちと……『医療』二〇一六年九月

17 戦争中、鴨池動物園で起きたこと……『医療』二〇一三年九月

18 集団的自衛権って何？～高校生との対話～……『かごしまの子ども』第三二号（二〇一五年）

第六章 性、いのち、原発

19 「いのち・からだ・性」の学びを自尊感情の礎に……『かごしまの子ども』第三四号（二〇一七年）

20 「新聞は本当のことを書いて」～「安全」報道を検証する授業実践～……『かごしまの子ども』第三二号（二〇一五年）と『医療』二〇一五年三月を合わせてまとめた。

第七章 出会い、つながり、想い

21 鏡をにらみつける……『医療』二〇一七年二月

22 三年三組物語、はじまり、はじまり！……『医療』二〇一八年四月～五月

23 給食ぶちまけ事件……『医療』二〇一五年一二月

24 小児科医・看護師との出会い……『医療』二〇一四年一月

25　「つながり」の中のそれぞれの想い……『医療』二〇一四年三月

第八章　私たちの願い（人生の諸段階）

子どもからおとなまで、輝かせたいライフステージ……『新版　かごしま子ども白書』二〇〇九年

執筆者・編集委員一覧
（※は編集委員）

愛甲明実（あいこう　あけみ）　共同保育所ひまわり園園長

※内山　仁（うちやま　ひとし）　鹿児島国際大学教員

梅田美和子（うめだ　みわこ）　高校教諭

※大平政徳（おおひら　まさのり）　高校非常勤講師

小倉　誠（おぐら　まこと）　小学校教諭

小原裕子（おばら　ひろこ）　奄美医療生協運営委員・元小学校教諭

※川野恭司（かわの　きょうじ）　鹿児島大学非常勤講師

黒川久美（くろかわ　ひさみ）　社会福祉法人麦の芽福祉会・むぎっこ保育園園長

五代孝輔（ごだい　こうすけ）　小学校教諭

園田愛美（そのだ　あいみ）　小学校教諭

前田晶子（まえだ　あきこ）　鹿児島大学教育学部教員

村末勇介（むらすえ　ゆうすけ）　琉球大学教職大学院教員・元鹿児島県小学校教諭

安村美代（やすむら　みよ）　公立学校養護教諭

写真提供

・表紙写真「森の玉里子ども食堂」／園田愛美
・各文の写真は執筆者提供

新・子どもの願いを真ん中に——鹿児島からの発信——

二〇一九年十二月二十日　第一刷発行

編　者　鹿児島子ども研究センター　ブックレット編集委員会

発行者　向原祥隆

発行所　株式会社　南方新社
〒八九二－〇八七三　鹿児島市下田町二九二－一
電話　〇九九－二四八－五四五五
振替口座　〇二〇七〇－三－二七九二九
URL　http://www.nanpou.com/
e-mail　info@nanpou.com

印刷・製本　株式会社イースト朝日
定価はカバーに表示しています　乱丁・落丁はお取り替えします
ISBN978-4-86124-409-4　C0037
© 鹿児島子ども研究センターブックレット編集委員会 2019, Printed in Japan